사람이
성장하는 기업
MYSC의
급여명세서에
담긴 편지

당신은
어떤 월급을
받고
있나요?

여러분이 MYSC를 신뢰하고 믿는 만큼
MYSC 역시 모든 구성원에게
더욱 신뢰를 주는 조직이 되도록
계속 노력하겠습니다.
이번 달도 많이 수고하셨습니다.
감사드립니다.

파지트

사람이 성장하는 기업 MYSC의
급여명세서에 담긴 편지

급여명세서

소속

직위

성명

당신은
어떤 월급을
받고
있나요?

김정태 지음

7

2023

급여명세서에 기록하는 회사의 서사

학부에서 한국사를 전공한 나는 기록의 힘, 좀 더 구체적으로 서사의 힘을 믿는다. 서사를 접할 때 과거는 뭉뚱그린 어떤 대상이 아니고 현재는 단순한 지금을 의미하지 않으며 미래는 그저 오늘의 연장이 아니라는 것을 우리는 알게 된다.

삼국사기를 읽을 때였다. 대단한 이야기들로 가득 찬 역사서를 기대했지만 의아한 대목이 적지 않았다. 예를 들어 우리가 잘 아는 진흥왕(재위 기간 540년~579년) 관련 대목은 다음과 같다.

"겨울 10월에 지진이 있었으며, 복사꽃·오얏꽃이 피었다."
(삼국사기 신라본기 제4 진흥왕 편)

난데없이 역사서에 등장하는 복사꽃·오얏꽃. 건조할 수 있는 과거 역사 한 대목에서 이러한 표현들이 존재하기에 우리는 과거를 현재로 불러와 상상할 수 있다.

인류 역사상 가장 위대한 발명품이라고도 불리는 기업을 생각해 보자. 수상경력이나 매출실적 등을 빼고 기업이 남길 서사는 무엇일까? 그리고 기업에게 '복사꽃·오얏꽃'과 같은 서사는 무엇이 될 수 있을까? 급여명세서와 함께 쓰기 시작한 글들은 그런 고민에서 시작되었다.

소중한 회사의 서사를 정리해 홈페이지에 올린다면 먼지가 쌓여 박제될 위험이 있었다. 그렇다고 매일 매일의 사내 커뮤니케이션 채널에 기록해 놓자 하니, 반대로 빠르게 휘발될 위험이 있었다. 또한 아무리 좋은 서사도 매일 이어지면 식상해지고, 일 년에 한번 연례보고서에 등장하면 너무 뜸해서 잊히기 십상이다. 적절한 간격으로, 누구나 반드시 볼 수밖에 없는 시공간에 회사의 서사를 남겨 놓고 싶었다. 그렇게 발견한 숨겨진 시공간이 바로 급여명세서.

한 달에 한 번 누구나 그때를 기억하고, 의식적으로 열어 보는 급여명세서에 나는 2018년부터 2023년까지 총 6년간 매월 총 72편의 서사를 기록했다. 매월 글을 쓴다는 자체도 쉽지 않았지만, 72개월 연속으로 쓸 글감을 찾는 것도 보통 어려운 일이 아니었다. 하지만 덕분에 그렇지 않으면 그저 지나쳐 버렸을 매월의 '복사꽃·오얏꽃'들을 하나 둘 모을 수 있었다.

2011년 태어났던 법인격 회사는 글을 쓰는 동안 사람으로 치면 7세부터 12세까지의 여정을 보냈다. 썼던 글을 다시 읽어 보니

7세의 서사는 7세만의 순수함이 느껴지고, 12세의 서사는 12세만의 풋풋한 자신감이 느껴진다.

오래전 그때의 서사를 기억하는 나는 엠와이소셜컴퍼니(MYSC)*의 과거와 현재가 어떻게 미래로 이어질지 기대하게 된다. 서사가 있다면 과거는 과거로, 현재는 현재로, 미래는 미래로 나뉘어 존재하지 않는다.

올해 13세가 되어 더욱 멋진 법인격이 된 엠와이소셜컴퍼니에게 자신의 원래 서사를 한 권의 책으로 만들어 헌정한다. 서사가 있다면 과거에서도 미래를, 미래로부터 현재를 돌아볼 수 있기에.

2024년 3월
김정태

---

* MYSC에 대한 자세한 설명은 119쪽 각주 참조.

▶ ▶ ▶ ▶ ▶

2018년은 17명 규모가 된 MYSC에게 '1차 리즈' 시절이었다. 단체복을 입고 첫 번째 촬영을 하기도 했고, 처음으로 비행기를 타고 제주도로 워크숍을 다녀오기도 했다.

또한 MYSC가 액셀러레이터(창업기획자)로 중소벤처기업부에 등록한 첫해였다. 액셀러레이터는 초기 스타트업을 발굴해 육성하고 투자하

2018년은
어떤
해였을까 **?**

는 역할을 하는 곳으로 해당 역할을 수행할 수 있는 자격을 갖추면 영리법인, 비영리법인 모두가 등록이 가능하다. 2024년 현재 중소벤처기업부에 등록된 450개 이상의 액셀러레이터가 존재하는데 MYSC는 그중 99번째다.

수영보다는 그 너머의
푸른 바다를

▶ ▶ ▶ ▶

최근 방학을 맞이하여 중급 수영을 배우는
초딩 한결이가 아침에 이렇게 말했습니다.

"이제 수영 다니기 싫어. 아침에 일찍 일어나는 거 힘들어."

'무슨 말이야! 수영학원 돈을 얼마나 내는데,
당장 준비해서 수영장 가!'라고 말하고 싶었지만,
살며시 미소를 띠우고 조곤조곤 이야기했습니다.

"한결아, 아빠가 대학생 때 바다에 가고 수영장에 가면
친구들은 멋지게 수영하는데
나는 물장구밖에 못해서 재미가 없었어.
지금 네가 배우는 평영은 멋진 기술이야.
그만두지 않고 제대로 배우면,
나중에 바다에 가거나, 워터파크에 가서

자유롭게 물살 헤치며 놀 수 있을 거야."

안 가겠다고 단단히 각오했던 아들의
얼굴이 풀어지고 눈빛이 부드러워집니다.

"나도 평영 다 배울래!"

한결이는 다시 수영장에 나갑니다.

▶ ▶ ▶ ▶

수영 기술을 배우는 것 자체가 목적이 되는 순간,
우리는 굳이 왜 이렇게 힘들게 살아야 하나 고민이 됩니다.

하지만 수영 기술을 통해 내가 얻게 될 그 이후의 가치,
그리고 그를 통해 실현될 사회적·환경적 가치의 창출과
변화를 생각할 때
지금 혹독하게 배우는 수영강습은
새로운 의미를 가지게 됩니다.

2018년의 첫 달입니다.
우리가 왜 이렇게 열심히 몰입하며 성장해 가는지를
제대로 이해하기 위해서는 그 너머의 가치와 변화를

2018년

잊지 말아야 합니다.

사무실에서도, 고객과의 만남 현장에서도,
그 너머의 푸른 바다와 물결을.

1월의 **'수영'**[*], 무척 수고 많으셨습니다.

2018년 1월 19일

[*] 수영장 말이 나왔으니 말인데요, 회사에 수영장이 있다면 얼마나 좋을까
요? MYSC가 자리 잡은 사옥 Merry Here(성수역 3번 출구 5분 거리) 지하 1
층에는 실제로 수영장이 있습니다. '세계 최초 실내 스크린 수영장'인 스윔
핏인데요, MYSC가 투자한 '더메이커스'가 운영하는 수영장입니다. 개인
이 혼자 수영할 수 있는 공간에서 수영을 하는데, 저도 일주일에 몇 번 이
곳에서 수영을 할 때마다 기분이 상쾌합니다. 3명까지 같이 들어갈 수 있
으니 친구끼리 또는 연인끼리 한번 이곳에서 수영 놀이 어떨까요?

작은 물방울로도
충분합니다

▶ ▶ ▶ ▶

"입주민 여러분, 물을 흐르게 해 주셔야 얼지 않습니다."

바싹 추운 날씨가 계속되면 아파트 방송이 시작됩니다.
저희 집에서 밤마다 주방 및 화장실 수도꼭지를
만지작대는 것은 제 역할입니다.

'오늘은 괜찮을 거야'라는 자신감과 귀찮음이 발동하면
그 다음날은 꼭 물이 얼어버려 낭패입니다.

아주 많지도 않게, 낭비되지 않을 만큼
한 방울의 물이 모아져 천천히 떨어지게 하는 데에
처음엔 많은 시도와 시행착오가 필요했습니다.

하지만 이제는 춥고 긴 겨울밤을 버텨내는 데에
많은 것이 필요하지 않음을 압니다.

2018년

꾸준히 흘려보낼 작은 물방울 그리고
매번 그 물방울을 흘려보내는 작은 수고면 됩니다.

▶ ▶ ▶ ▶

2월 한 달 동안 여러분들이 무수히 흘려 보낸
땀방울과 작은 노력 역시 마찬가지였습니다.

흘려보내는 그 작은 노력이 우리를 고이지 않고
썩지 않는 생명력 있는 물이 되도록 도왔습니다.

여러분 덕에 MYSC도, MYSC가 함께하는 고객도
정체되지 않고 계속 흘러간 한 달이었습니다.

2월에 쏟아낸 여러분의 '물방울', 무척 수고 많으셨습니다.

2018년 2월 20일

피곤에 대한
생각의 전환

▶ ▶ ▶ ▶

"피곤해서 운동 못하겠다."

매월 헬스장 등록을 해 놓고도 못 가는 이유가 참 많습니다.
몸이 피곤하니깐.
오늘 중요한 행사가 있어 잠을 충분히 자야 하니까.
하나 둘 이유를 만드니
정작 헬스장에 가는 날은 손에 꼽게 됩니다.

얼마 전 KOICA 베트남 출장을 권득한 대표님(MYSC 주주)과
동행하고 새벽 5시에 인천공항에 도착했을 때 일입니다.

택시를 타고 시내로 이동한다며 같이 타고 가자 권하시길래
함께 탔더니 행선지를 강남의 한 호텔로 향하는 겁니다.

"왜 집에 가서 쉬지 않으시고, 또 행사가 있으신가요?"
"호텔 가서 운동 좀 하고, 집에 가서 푹 쉬는 게 좋거든"

2018년

솔직히 놀랐습니다.
연세가 이제 곧 70세가 되는 대표님이
저와 똑같은 새벽 비행기로 도착하시며
먼저 운동을 챙기시다니!!

"미국, 중국, 베트남, 한국을 오가며
숱한 출장을 다녀야 하는데, 그럴 때마다
운동을 먼저 하지 않으면 버틸 수 없거든!"

권득한 대표님과 나눈 택시에서의 대화가 제게는
고정된 생각을 다시금 점검해 보는
흥미로운 계기가 되었습니다.

'피곤하니 운동 못하겠다'라는 논리는 사실과 다른,
제 핑계였을 뿐입니다.
얼마든지 '피곤하니 운동을 더 해야겠다'라고도
생각할 수 있었거든요.

▶ ▶ ▶ ▶

비단 운동만이 아니었습니다.
'이건 예전 경험이 없으니 무리일 것 같아.'

'주어진 자원이 부족한데 이게 되겠어?'

누군가는 다르게 생각하고 있음을 깨닫습니다.
'이건 예전 경험이 없으니
오히려 제약 없이 더 잘 될 것 같아!'
'주어진 자원이 부족하니 더 창의적이며
lean하게(가볍게) 해볼까?'

봄이 찾아왔습니다.
겨울에서 봄으로의 전환을 계기로,
우리에게도 새로운 생각의 전환을 즐겁게 상상합니다.

감사합니다.

2018년 3월 20일

30초의 시간이
다시 주어진다면

▶ ▶ ▶ ▶

"만일 지금 나에게 그 30초의 시간이 주어진다면,

하나님이 그런 기적을 베풀어 주신다면, 그래 민아야,

딱 한 번이라도 좋다.

낡은 비디오테이프를 되감듯이 그때의 옛날로 돌아가자.

(중략)

졸음이 온 너의 눈,

상기된 너의 뺨 위에 굿나잇 키스를 하는 거다.

굿나잇 민아야, 잘 자라 민아야."

이어령 선생, 딸 '이민아 목사 추모사' 중 일부

과거로 다시 돌아갈 30초의 기회가 주어진다면

무엇을 바꾸고 싶나요?

이 글을 읽고 저는 오래전부터
매년 1권씩 쓰던 집필 계획을 취소했고,
출판사에 양해를 구하고 계약금도 되돌려주었습니다.

책을 쓰는 제게 다가와 오른 팔꿈치를 잡아당기며
'아빠, 나랑 놀자' 하는 한결이와의 시간이
지금은 더 중요하다는 것을 깨달았습니다.

가족이든, 관계이든, 직장이든
매번 우리에게 흘러가는 30초의 소중한 시간 앞에
우리가 후회하지 않는 삶은 무엇일까요?

진실되고, 사랑하며, 내게 주어진 축복을 나누며,
내게 맡겨진 기회에 책임지며
살아가는 삶이지 않을까요?

4월의 오늘,
여러분들의 소중한 30초,
그 연속의 시간들을 응원합니다.

2018년 4월 20일

조직 성장과 개인 성장이 같이 간다면

▶ ▶ ▶ ▶

얼마 전 면접에서
1년간 4개의 조직을 불가피하게
옮겨 다니고서도
자신에게 성장의 기회를
주는 기업을 만나지 못했고
주변에서 MYSC로 가라는 이야기를 들었다며
끝내 눈물을 흘리는 분을
만났습니다.

조직의 성장과 개인의 성장은
양자택일의 이슈가 아니라
원래 통합된 하나의 미션임을
MYSC는 어떻게 입증할 수 있을까요?

개인의 성장이 불필요하다고 생각하는 사람을

성장하도록 강제할 수는 없지만,

개인의 성장욕구가 분명한 개인은
조직이 돕고 존귀케 할 수 있다고 믿습니다.

하지만, 성장의 길에는
때로는 피곤하고 버거운 경험도 있기에
성장의 기회가 번아웃이 되지 않도록
더욱 각별한 **시스템씽킹**[*]을 리더십 차원에서
진행하고 있습니다.

여러분도 지혜를 모아주세요.

---

* 시스템사고 또는 시스템씽킹으로 불리는 이 관점은 모든 부분의 합은 그 단순한 합에 그치는 것이 아니라, 각 부분 또는 요소들의 상호작용을 통해 더 큰 질서가 만들어진다는 개념입니다. 예를 들어, 10명 규모의 조직이 규칙과 문화를 세팅합니다. 그 후 새로운 경력직 1명과 신입사원 1명이 입사를 하면, 시스템사고 관점에서는 단순히 12명의 집단으로 커졌다는 것이 아니라, 2명이 가져오는 새로운 상호작용과 그로 인한 새로운 변화에 주목하게 됩니다. 이러한 관점을 놓치게 되면 변화를 부정적으로 인식하는 오류에 빠질 수도 있고, 과거에 아무리 좋았던 해결책이었더라도 맥락과 상호작용이 달라져 현재는 문제를 유발하는 원인이 될 수도 있다는 점을 간과하기도 합니다. "어제의 문제를 해결했던 솔루션이 오늘의 새로운 문제의 원인이 된다"는 이러한 시스템사고의 특징을 잘 보여주는 문구입니다. 관련하여 추천하는 입문 도서로는 피터 센게(Peter Senge)의 『학습하는 조직』(원제: The Fifth Discipline)이 있습니다.

2018년

매년 빡빡했던 5~6월의
사내기업가 에너지 관리 전략이 부족했고,
기대했던 복수의 신규인력 채용이
생각대로 진행되지 못했고,
토요일 이벤트 등
보다 신중히 고려했어야 할 결정에 있어
리더로서 시행착오와 회고를 하게 되는 시기입니다.

여러분이 MYSC를 신뢰하고 믿는 만큼
MYSC 역시 모든 구성원에게
더욱 신뢰를 주는 조직이 되도록 계속
노력하겠습니다.

5월 한 달, 많이 수고하셨습니다.
감사드립니다.

2018년 5월 20일

10번 중 6번 삼진아웃
당해도 탁월한 실력

▶ ▶ ▶ ▶

어제 스타트업 경진대회 '어!벤처스' 설명회에서 나눈
인상 깊은 대화를 소개합니다.

참가자 중 어떤 분이 수년 전의 일 때문에
감사하다는 말을 전하고 싶다며 다가오셨습니다.
논문 「CEO 리더십이 소셜벤처 성장에 끼치는 영향」을
쓰고자, 다양한 소셜 벤처 대표들에게 이메일을 돌릴 때
대부분 답장이 없거나 선뜻 시간을 내주지 않아서
무척 힘들었다고 합니다.

논문 주제를 포기해야 하나 고민할 때
마침 MYSC로부터 친절한 답장을 받았고,
다시 용기를 내어 석사논문을
잘 마무리할 수 있었다고 하네요.

2018년

감사함을 표하는 그분의 눈에서 촉촉한 물기가 느껴져

황급히 주제를 바꾸어

따뜻한 다른 이야기로 마무리를 했습니다.

이제는 어느 정도 궤도에 올라간 소셜벤처 대표님께

최근 MYSC의 **팁스**[*] 도전, **성장금융**^{**}, **모태펀드**^{***} 등의 실패

이야기를 해드렸습니다.

---

*   TIPS는 Tech Incubator Program for Startup의 줄임말입니다. 중소벤처기업부가 시작한 프로그램으로 민간 투자사가 1억 원 이상을 먼저 투자하면, 검토를 거쳐 정부가 해당 스타트업에게 최대 10억 원의 기술 개발 및 마케팅 지원 금액을 제공하는 프로그램입니다. TIPS를 받게 되면 유망한 스타트업이라는 시장 반응이 있을 정도로 이 프로그램은 벤처 창업생태계에 아주 중요한 등용문 역할을 하고 있습니다. 이러한 제도를 활용하려면 민간 투자사가 일정 평가를 받고 먼저 TIPS 운영사로 선정되어야 합니다. MYSC는 TIPS 운용사가 되기 위해 여러 차례 지원을 했으나, MYSC 자체의 투자 역량이 부족한 부분과 함께 소셜벤처나 사회적기업에 대한 외부의 제한된 인식 그리고 기술기업이 아니라고 생각하는 편견 등을 통해 매번 운용사 선정에서 탈락하는 어려움이 있었습니다. 2022년 다행히 TIPS 운영사로 선정이 되었습니다.

**   성장금융은 한국성장금융투자운용의 줄임말로서 금융권 등이 출자한 금액을 다양한 운용사에게 배분하는 역할을 하는 기관입니다. 성장금융은 사회투자펀드를 조성해 운용사 선발을 진행했는데, 2018년 최초 사회투자펀드 도전에 실패한 이후 도전을 계속해 2021년 MYSC는 더웰스인베스트먼트와 함께 250억 원 규모의 사회투자펀드 운용사로 선정되었습니다.

*** 모태펀드는 통상 한국벤처투자에서 운용하는 'fund of funds'를 뜻합니다.

"앞서 지원하신 사업들은
처음부터 오랫동안 준비한 곳들이 있다고 들었거든요."

그리고 한마디를 덧붙였습니다.

"최근 좋은 투자자의 제안도 거절했는데,
저희는 MYSC 투자를 받고 싶습니다.
기다릴 테니 때가 되면 알려주세요."

▶ ▶ ▶ ▶

우리가 정성스럽게 만드는 페이버(favor)* 는

정부 부처 등이 이곳에 출자를 하면 한국벤처투자는 이를 모태펀드로 활용하여, 다양한 투자자들에게 재출자하게 됩니다. MYSC도 여러 차례 도전을 통해 2020년 처음으로 20억 원 규모의 모태펀드 운용사로 선정되었고, 2021년에는 60억 원 규모의 사회적기업 투자 펀드 운용사 선정, 그리고 가장 최근인 2023년에는 두 번째 사회적기업 펀드 운용사로 다시 선정된 바 있습니다.

* 페이버(favor)는 세계적인 건축설계 회사 '팀하스'의 하형록 회장이 쓴 책에서 나오는 개념입니다. '내가 의무가 있거나 얻을 것이 없지만 누군가를 위해 희생하거나 기쁨으로 하는 행동'을 말하는 페이버는 MYSC에게 회사의 이익이나 유익이 아니더라도 생태계를 위하거나 상대방을 위해서 하는 행동의 기준이 되어 왔습니다. 페이버에 대한 더 깊은 이해를 위해 조선일보 '김지수의 인터스텔라'에서 다룬 「심장을 양보한 사나이, 팀하스」(2017년 11월 21일) 인터뷰 기사를 검색해 읽어 보길 추천합니다.

2018년

우리가 알게 모르게 이 우주에서
스스로 꽃을 피고, 멋진 변화의 촉매제가 됨을
느낍니다.

타석에 서서 6번을 삼진아웃 당하고,
4번 공을 맞추면 '빼어난 타자(수타자)'가 되는 것처럼
지금 MYSC는 충분한 삼진아웃을 경험하지만,
그것 역시 의미 있고 필요한
성장과 경험의 축적이라 생각합니다.

불투명하고 실패할 수 있어도 나아가는
엑스트라마일(extra-mile)의 현장에서
여러분 모두 수고하셨습니다.

언제나 그렇듯,
머리 조아려 감사를 드립니다.

2018년 6월 20일

공은 둥글기 때문에
도전해 볼만합니다

▶ ▶ ▶ ▶

지난 러시아 월드컵 경기 종종 보셨나요?

저는 축구팬은 아니지만, 월드컵 경기는 즐겁게 응원합니다.

그러면서 '공은 둥글다'는 사실을 계속 깨닫습니다.

유럽의 축구 전문AI가 월드컵을 예측한 적이 있었습니다.

250 차례의 역대 경기 데이터를 바탕으로,

10만 번의 가상 경기를 시뮬레이션해 본 결과,

우승국가는 바로 독일이었습니다.

나머지 4강 후보는 브라질, 스페인, 프랑스였다고 하는데요,

AI의 치밀한 계산은

"한국 때문에 가장 큰 혼란"에 빠졌다고 합니다.

한국이 조별 리그에서 독일을 이기며,

독일의 앞길을 막았기 때문이죠(!).

2018년

독일이 탈락하면서,

독일의 16강 진출을 전제로 짜보았던

8강전, 4강전, 결승전의 예측 모두가

도미노처럼 어긋났다고 합니다.

가히 AI의 굴욕이었습니다.

'공은 둥글다'라는 건,

어디로 공이 나아갈지 아무도 모르기 때문에

붙여진 이야기입니다.

객관적 현실은 어렵고

우리의 준비된 역량과 지식은 여전히 제한적이지만,

그럼에도 사회적 가치를 창출하고자 하는 우리도

'공은 둥글다'라는 믿음으로 매번 경기에 임합니다.

'한국이 2:0으로 이길 확률보다

독일이 7:0으로 이길 확률이 높다'는 베팅 결과를 듣고도

한국 선수들은 '공은 둥글다'를 믿었습니다.

그런 믿음으로 우리는 AI의 정교한 예측,

확률의 게임을 넘어서게 됩니다.

▶ ▶ ▶ ▶

180도 리뷰[*]를 리더십과 함께 읽어가며,
MYSC (예비)사내기업가 여러분들이 지난 6개월 동안
얼마나 치열하게 '공'을 굴리며, '공'을 패스하고,
'공'을 날렸는지
즐겁게 회고할 수 있었습니다.

결과는 우리가 통제할 수 없지만,
과정은 우리가 만들어갈 수 있음을 알기에,
MYSC에서도 '공은 둥글다'입니다.

7월 한 달도 큰 고생하셨습니다.
감사합니다.

2018년 7월 20일

---

[*]   MYSC에서 매년 각자가 작성하는 동료들에 대한 상호 피드백 제도입니다. 초기에는 모든 구성원이 모든 구성원을 대상으로 진행했으나 현재는 7명 내외의 구성원을 대상으로 MYSC의 사내기업가 가치인 성숙, 성장, 성과를 기반으로 피드백을 제공하고 있습니다. 피드백이 익숙지 않아 초기에는 익명으로 진행했으나, 차차 건강한 피드백을 주고받는 문화가 형성됨에 따라 지금은 실명을 기반으로 피드백을 주고받고 있습니다. 피드백은 기업문화를 건강하게 유지하는 일종의 '운동'과 같아서, 이러한 꾸준한 운동 없이는 조직문화를 건강하게 유지하기란 불가능합니다.

우리답지 않은 것을,
남들이 먼저 발견한다

▶ ▶ ▶ ▶ ▶

지난 2개월 내 비슷한 시기에 각기 다른
두 고객으로부터 비슷한 질문을 받았습니다.

"혹시 OO님이 MYSC 구성원 맞나요?"
이렇게 독특한 질문을 받아보는 것도 신선했고
이러한 질문을 하는 고객들도 참 대단했습니다.

MYSC가 제안하는 철학과 문화 그리고
사내기업가로 불리는 MYSC 구성원에 대한 정체성을

이제 고객들이 인식하고 있고,
그와 결이 다를 때 고객이 궁금해하고
반응하기 시작함을 느꼈습니다.

이전까지는 고객들이 주로 'MYSC다움'을 관찰하게 되면
무척 이례적인 경험이었다고 알려왔습니다.

눈빛, 태도, 열정, 그리고 **'엑스트라마일'***의 마음까지.

이제 고객과 파트너들은
'MYSC답지 않음'을 더욱더 많이 주시합니다.
우리가 스스로 느끼는 것보다 더
민감하게 관찰하고 우리에게 질문합니다.

"이건 MYSC답지 않은데요…."

무엇이 무엇임과 동시에
무엇이 아닌 것까지 판별이
되기 시작할 때,
우리는 그것을 브랜드라고 말합니다.

▶ ▶ ▶ ▶

외부에서 MYSC라는 브랜드를 더욱 선명하게

---

* 성경에 나오는 "누구든지 억지로 5리를 가게 하거든 그 사람과 10리를 동행하고"(마태복음 5:41)라는 구절을 뜻하는 "Go, extra-mile"에서 비롯된 표현입니다. 고객이나 투자한 스타트업에게 기대하지 않은 범위 이상으로 가치를 제공하자는 MYSC의 탁월성(excellence)을 나타내며, MYSC의 자체 스타트업 육성 프로그램의 이름도 '엑스트라마일 액셀러레이팅'이라고 부르고 있습니다.

2018년

인식하기 시작한 것은,
MYSC의 인터널브랜딩이
그동안 짧지 않은 시간 동안 뿌리를 내리며
말하는 것과 행하는 것이 가급적 일치되도록
각고의 노력이 뒷받침되었기 때문입니다.

MYSC 브랜드를 만들어 가는 여정에
각자의 역할로 참여해 주셔서 정말 감사드립니다.

여러분 한 명, 한 명이 MYSC 브랜드이며,
MYSC 브랜드는 여러분 각자의 신뢰와 신용입니다.

2018년 8월 20일

설계도를 누군가
따라할 때의 뿌듯함

▶ ▶ ▶ ▶

9월까지 한 해를 돌아보면
흥미롭게도 유사한 경험들이 계속 있어 왔습니다.

"MYSC가 진행하는 소셜벤처 육성프로그램
설계와 구조를 저희가 차용해서 써도 괜찮을까요?"

연락을 받고 모든 것을 자유롭게 쓰시도록 했습니다.
그렇게 OO공사에서 우리와 유사한 소셜벤처 프로그램을
새롭게 시작했습니다.

한번은 우리 중에 누군가 이런 것을 발견했습니다.
"어! 이거 뭐죠? 우리 거랑 지원서 양식과
용어를 똑같이 따라했는데요?"

살펴보니 대기업 계열사 OOO에서

2018년

37

시작한 소셜벤처 지원사업의
지원서 양식이며 워딩을
저희 것 그대로 따라했던 것이죠.

이러한 일련의 경험들이
MYSC에게는 나쁘지 않습니다.
더 나은 것을 설계하고
그러한 '**제안하는 역량**'* 이 있음을 보여주는
생생한 경험들이니까요.

지난주에는
서강대 인사조직 박사과정 선생님으로부터
이메일이 왔습니다.

---

* '개념설계'라고도 하는 '제안하는 역량'은 새로운 서점 모델을 제시했다고 평가받는 일본의 '츠타야서점' 기획자 마스다 무네아키가 『지적자본론: 모든 사람이 디자이너가 되는 미래』에서 말하는 미래의 핵심 역량과 관련되어 있습니다. 또한 서울대 공과대학 이정동 교수가 쓴 『축적의 길』에서 앞으로 한국 경제가 가야할 길로 제시한 것이 바로 많은 시행착오 축적을 기반으로 고급 개념을 설계하는 역량, 즉 개념설계(concept design) 역량입니다. 개념을 제시하고 리드하는 역량이 없으면, 매번 그려진 도면과 주어진 과업만 열심히 수행해야 하는데, 이러한 축적만으로는 고급 역량의 축적이 어렵기 때문입니다. MYSC는 다양한 가설 시도와 검증, 그리고 이를 통한 시행착오 축적을 통해 한국의 사회환경 문제에 대한 대담한 개념설계 역량을 확보해 가고 있습니다.

사내기업가 박사논문을 준비하고 있는데,

MYSC의 **햇빛영화관**[*]과 **Play Aid Kit**[**] 사례의 사내기업가들과 인터뷰를 하고 싶다고 말이죠.

우리가 고객과 실험했던 이야기들이

---

[*] 햇빛영화관은 2013년부터 삼성전자와 MYSC가 진행한 사회혁신 프로젝트 이름입니다. 10만 원 정도의 비용과 간단하게 구할 수 있는 재료들을 활용한 적정기술 기반으로 전기가 없거나 열악한 개발도상국 일부 지역에서 교육용 영상이나 오락용 영화 상영이 가능하도록 돕는 '간이 영화관'입니다. 이 결과물을 통해 실제 말라위에는 해당 지역 초등학교 최초로 '풀 칼라 멀티미디어' 생물 수업 시간이 진행되었고, 에티오피아와 네팔에는 학교 영화관이 설치되었습니다. 이러한 내용은 2013년 광주 디자인 비엔날레에 공식 초대되어 사회혁신이 어떻게 변화를 시작하고 어떠한 결과를 만들어 낼 수 있는지 구체적인 사례로 많은 관람객들의 관심을 받았습니다. MYSC에게 이 프로젝트는 사회혁신 분야에 대한 최초의 가설 검증이었고, 이후 본격적인 사회혁신 컨설팅에 도전하게 되었던 자신감의 근거가 되었습니다.

[**] Play Aid Kit는 다국적 제약회사의 한국 법인인 한국에자이와 MYSC가 기획한 사회혁신 제품입니다. 디자인씽킹 방법론을 통해 병원에 입원한 아이들이 무료하게 시간을 보내는 것을 관찰한 한국에자이 직원과 함께 아이들의 병원 시간을 '놀이 시간'으로 바꿀 수 있는 놀이 제품을 개발하여 크라우드펀딩을 통해 출시했습니다. 이를 통해 한국에자이는 사회혁신과 비즈니스를 연결하고자 하는 회사의 방향에 더욱 자신감을 가지게 되었고, 이후 갑상선암 환자 등을 위한 저요오드 밀키트를 만드는 등 구체적인 신사업 기획까지 연결하였습니다. MYSC는 한국에자이의 사회혁신 방법론 구체화, 방법론 교육 등 전반적인 컨설팅을 담당했고, 이를 통해 기업이 어떻게 사회혁신을 비즈니스로 연결하고 가치를 창출할 수 있는지에 대한 구체적인 가치 제안을 만들 수 있었습니다.

2018년

논문으로 조명받는다는 것에 감사함이 큽니다.

▸ ▸ ▸ ▸

이러한 놀라운 이야기들과 MYSC가 주목받는 사례가
떠오를 때마다 저는 자동적으로 그 뒤에 묵묵히
온갖 세세한 품과 복잡한 과업을 해결해 갔던
담당자 여러분들, 사내기업가 여러분들이 떠오릅니다.

여러분들이 지불한 수고와 대가가 헛되지 않았음은
분명 시간의 흐름에 따라 자연스럽게 맺힐 열매로
확인될 겁니다.

오늘도 그 수고를 이루고, 책임을 다하는 여러분들이
더욱 존귀하게* 되고 보다 존경받는 한 사람, 한 사람이
되도록 제가 더욱 고민하고 경청하겠습니다.

한가위만 같은 멋진 연휴 되세요.
감사합니다.

2018년 9월 20일

---

* '존귀하다'는 지위나 신분이 높고 귀함을 의미합니다.

우리의 업은
'이노베이션'

▶ ▶ ▶ ▶

MYSC가 몸을 담고 있는
산업군은 제조업, 서비스업 등
어디에 속할까요?

바로 혁신(innovation)이라는 산업군입니다.

우리가 무엇을 지향하며
어디에 위치해 있는지를
명료하게 이해하지 못하거나 오해할 때
다음의 질문이 스트레스가 됩니다.

"왜 이리 모호하지? 어떻게 하라는 거야?"

"내가 해본 적이 없는데 이걸 어떻게 해?"

"고객이 도대체 무얼 원하는지 모르겠어."

"제겐 처음이라 할 수 없다고 생각해요."

2018년

"끝에 결과물이 불확실해서 싫어요."

이런 질문들은 자연스럽습니다.
그래서 우리가 속한 업,
innovation이 어떠한 것인지
우리에게 되묻습니다.

여기에 social이라는 이해관계자까지
포용하고 생각해야 하기에
MYSC의 업은 더욱 난이도가 어렵습니다.

▶ ▶ ▶ ▶

아무도 가보지 않은 길
누구도 갈 수 있지만 누구나 가지 않는 길
그 어려운 길에 함께 하는 여러분들이
이 특별한 미션과 도전, 그리고 의미를 통해
서로를 위로하고 격려하며 그래도 즐거운 여정이 되길
기원합니다.

2018년 10월 19일

성장하려는 의지를 가진
어른이 되기

▶ ▶ ▶ ▶

칠레에 오며 가져온 책 중

『아직도 가야 할 길』*이 있습니다.

이 책을 읽을 때마다 여러 번

---

* 『아직도 가야할 길』(The Road Less Traveled)은 미국의 저명한 정신분석의 M.스캇 펙 박사의 '길' 3부작 시리즈 중 첫 번째 책입니다. 이 책을 읽으면 나머지 『끝나지 않은 여행』(The Unending Journey)과 『그리고 저 너머에』(The Road Less Traveled And Beyond)도 마저 읽고 싶다는 생각이 들게 됩니다. 청춘이 열정으로 마냥 뜨거웠던 시기, 어떻게 헌신하며 살아야 할지 고민하던 때에 만난 이 책은 저에게 길고 깊은 여운을 남겨 두었습니다. 특히 '인생은 고해다'라는 첫 문장은 삶을 어떻게 받아들여야 할지를 해석하는 데 큰 영향을 주었습니다. 또한 사랑에 대한 정의가 인상적인데요, 저자는 사랑을 "자기 자신이나 타인의 영적 성장을 도울 목적으로 자신을 확대시켜 나가려는 의지"라고 정의합니다. 확대한다는 의지는 필연코 낯선 감정과 두려움, 실패를 만나게 되는데, 따라서 스캇 펙은 "어떤 행동을 하면서 노력이나 용기가 가미되지 않는다면, 그것은 사랑의 행동이 아니다. 여기에 예외란 없다"라고 말합니다. 사랑에 대한 우리의 기존 생각에 날카로운 비수로 들어오는 문장들입니다.

2018년

새롭게 깨우치는 구절을 만납니다.

이 책은 자기와 타인을
확대하고 성장하도록 돕는 과정을
'사랑'이라고 하는데
"일생 동안 셀 수도 없이 많은 위험 중 가장 큰 위험은
성장에 따른 위험"이라고 합니다.

그 이유는
"자신을 확대하는 것은
새롭고 익숙하지 않은 영역으로 들어가는 것"이기에
"날짜가 지난 지도나 낡은 관행에 집착하려고 하며
변화를 싫어하는 본능 등을 극복"하는 것을
우리가 원치 않기 때문입니다.

"가야 할 길의 전부를 미리 보길 원하며
그 한 걸음 한 걸음이 안전하고 가치 있다는 것을
미리 보장받기를 원하는 건" 불가능한데,
그것은 성장의 길이 아니며
사랑의 길이 아니기에 그렇습니다.

그렇다면 우리는 어찌 해야 할까요?

저자인 M 스캇 퍽 박사는 조언합니다.

'성장하려는 의지를 가진 어른이 되어라.'

이를 위해 그는 4가지 기술을 소개합니다.

  1. 즐거움은 나중에 갖도록 자제하는 것

  2. 책임을 자신이 지는 것

  3. 진실에 헌신하는 것

  4. 균형을 맞추는 것

▶ ▶ ▶ ▶

위의 기술들은 사회혁신가, 사내기업가가 되려는

모든 이에게도 유효한 관점입니다.

우리에게 주어진

한 번의 기회와 삶에 나는

나와 타인의 삶이 어떻게 확장되고

새로운 반열에 이를 수 있게끔

'사랑의 의지'를 가지고

행동할 수 있을까요?

겨울,

2018년

따뜻한 차와 함께

위에 4가지를 생각하는 시간을 가져 보며

여러분들도 각자의 입가에

작은 미소 가득하기를 기원합니다.

2018년 11월 20일

시스템사고
그리고 더 나은 가설

▶ ▶ ▶ ▶

한 해를 마무리하며
MYSC의 생태계와 내부에 대한 큰 가설들이
어떠했는지 많은 교훈과 배움을 얻었고,
어떤 가설을 수정해야 하고 졸업해야 하고,
다른 가설로 옮겨야 하는지 깨닫습니다.

예전에 치과에 가서
윗니가 콕콕 찔러 윗니를 봐 달라고 했더니
의사가 엑스레이를 찍고 난 후
아랫니를 치료하기 시작해서 당황했습니다.

"저기요… 윗니가 아픈데
왜 아랫니를 건드리셨나요?"

"아랫니 신경이 윗니로 지나가는 길목이라

2018년

47

위쪽에서 통증이 느껴지지만, 그 원인은 아랫니에요."

그 간단한 대화는
이후 저의 시스템사고(systems thinking)로의
여정에 큰 전환점이 되었습니다.

드러나고 느껴지는 현상과
이면에서 이를 유발하고 지배하는 원인

현상에 현상으로만 접근하면
멀쩡한 윗니만 상하게 되고
현상을 원인으로만 접근하면
직관적으로 이해하기 어렵습니다.

이러한 어려움을 헤쳐 나가는
가장 지혜로운 방법은
바로 질문과 열린 대화를
꾸준히 해 나가는 데에 있지 않을까
생각하고 있습니다.

▶ ▶ ▶ ▶

올해 어떤 가설의 교훈이 있었는지는

차근차근 나누도록 하겠습니다.

2019년부터는 1부 리그 2년 차로서
여태까지의 교훈과 학습을 바탕으로
바꾸어 갈 내적인 변화도 있습니다.

과거의 축적된 경험에서 학습하되
현재의 맥락을 적응하려고 노력하고
미래에 가설을 세우고 용기 있게 실현해
더 나은 유익한 결과를 만들며
성장하는 어른인

여러분들은 사내기업가입니다.

2018년 우리 모두가 뿌린 씨앗과 노고로 인해
2019년 계절에 우리가 경험할 새싹들이
무엇보다 기대됩니다.

감사합니다.

2018년 12월 20일

2018년,
어떤 열매를 맺었을까?

▶ ▶ ▶ ▶ ▶

'1차 리즈' 시절의 활력은 매출 24.8억 원, 순이익 9.5억 원의 눈부신 성과로 이어졌다. 전년 대비 매출은 100% 이상, 순이익은 160% 이상 증가한 실적이다. 이를 포함한 3년간의 꾸준한 성장을 통해 2018년을 기점으로 MYSC는 기존의 자본잠식에서 탈출하는 '턴어라운드(turnaround)'를 마무리했다.

2018년 투자한 스타트업은 모두 4개였고, 이 가운데 본계정으로 최초 투자를 한 '위허들링'은 현재 점심구독 서비스 1위 '위잇'을 운영하며 멀티플(투자수익배수) 25배 이상을 기록하고 있다.

▶ ▶ ▶ ▶ ▶

구성원이 26명까지 성장한 2019년은 MYSC의 '2차 리즈' 시절이었다. 처음으로 우등버스 한 대를 꽉 채워 워크숍을 다녀올 만한 규모가 되었고, 처음으로 개인투자조합(엑스트라마일 1호)을 결성하여 투자를 시작했다.

'사회혁신'에 관심을 가지고 입사한 구성원 외에 본격적으로 외부

2019년은 어떤 해였을까?

경력직 입사가 많아진 시기이기도 하다. 회사의 외연은 넓어졌지만, 새롭게 합류한 구성원들에게 회사의 목표와 비전을 소통하고 기존 구성원들과 팀워크를 맞추도록 돕는 것이 처음으로 중요해진 시기였다.

019

업을 재정의해
봅시다

▶ ▶ ▶ ▶

에어비앤비는 자신의 업을
숙박업이 아닌 '경험업'이라고 정의합니다.

Red Bull이라는 유명한 에너지 드링크 회사는
스스로를 '미디어 회사'라고 정의합니다.
에너지 드링크는 우연하게 잘 팔리는
미디어 연계 제품이라고 말합니다.

2019년을 시작하며 여러분과
중장기적으로 시작해 보고자 하는
질문이 있습니다.

MYSC의 업은 무엇일까요?

다시 질문해 보면,

MYSC의 업을 재정의해 보면
어떤 모습이 미래에 존재할까요?

우선 여러분들과
미디어, 콘텐츠, 데이터 등 3가지 축으로
MYSC의 재정의에 대한 **디자인씽킹**[*]과
프로토타이핑을 해 보고자 합니다.

우리가 가진 이야기 중에
고객과 잠재고객, 사회 등 이해관계자가
열광하며 환호하는, 가치를 증폭시키는
미디어로서 우리의 역할은 무엇일까요?

---

[*] 디자인씽킹(design thinking)은 MYSC의 철학적 세계관으로 MYSC가 사회 변화를 바라보는 관점이자, MYSC가 운용되는 운용 체계와도 같습니다. 모든 문제 또는 이슈를 인간 중심으로 재정의하고, 가설 수립과 검증이라는 프로토타이핑 과정을 통해 실제적인 변화를 모색하는 것입니다. 디자인씽킹 접근은 모호하고 불확실한 사회 환경 문제를 다루는 데 있어 최적의 관점이 됩니다. 실제 세계적으로 많은 혁신 조직들은 디자인씽킹과 관련된 개념들을 기본 언어로 적극 활용하고 있습니다. MYSC는 디자인씽킹 세계관을 확산한 곳 중 하나인 IDEO의 여러 출판물을 한국어로 번역하여 출간하면서 국내에 디자인씽킹 확산과 대중화에 기여해 왔습니다. 더 많은 내용이 궁금하다면 『IDEO 인간중심 디자인툴킷』과 『디자인씽킹 가이드북: IDEO의 인간 중심 디자인』 등을 추천합니다.

2019년

우리의 여정 속에서 확보된 경험은
어떻게 콘텐츠 자산화가 되어
이를 함께 접하고 싶은 분들에게
어떤 개발된 가치를 전달할 수 있을까요?

우리가 실험을 하고 도전을 하며
얻게 되는 다양한 데이터를
보다 체계적으로 축적하고 정렬해서
어떤 인사이트와 부가가치를 창출할 수 있을까요?

▶ ▶ ▶ ▶

올해 이러한 질문들을 각 랩과 함께 탐색해 보며
멋진 시도와 작은 경험들을
만들어보고자 합니다.

이 여정에 여러분과 함께하게 되어
또 다른 설레임이 2019년 충만합니다.
함께해 주셔서 감사합니다.

2019년 1월 18일

여러분이 존귀케 되기를 바랍니다

▶ ▶ ▶ ▶ ▶

제가 좋아하는 이야기 중 하나를 소개합니다.

주인이 멀리 자리를 비우게 되면서
함께 했던 사람들에게
각자의 분량만큼 달란트(종자돈)를 주고 떠나게 되었습니다.

어떤 사람은 그 달란트로 손실의 위험에도 장사를 했고,
어떤 사람은 그 달란트는 어차피 자기 것이 아니며
굳이 손실 위험을 지고 싶지 않아 그냥 묻어 놨습니다.

주인이 다시 돌아왔을 때
이들은 어떤 이야기를 나누게 되었을까요?

사내기업가(intrapreneur) 역시 이와 유사합니다.
이야기에서 '주인'으로 묘사되는,
통제와 규정, 감시와 지배가 없어진 상황이 되면 비로소

2019년

우리 가운데에 진짜 책임을 지는 자유인이란 누구인지,
리더란 누구인지 드러나게 됩니다.

지난 1~2월, 동계 에너지관리 프로그램을 하면서
자발적으로 드러나는 멋진 주인의식,
사내기업가 정신의 발휘에 감사함 가득했습니다.

비단 이러한 특정 기간 외에도
우리가 마주치는 신비한 하루하루가
우리에겐 어떤 '사내기업가'로 살 것인지
선택할 수 있는 무수한 기회들입니다.

▷ ▷ ▷ ▷

서두에 소개한 이야기의 끝은 다음과 같습니다.

"주인은 스스로 주인이 될 태도를 실천한
모든 사람에게 자신과 동일한
주인의 지위와 즐거움을 공유했습니다."

조직은 사내기업가를 배신하지 않습니다.
MYSC는 여러분들이 더 존귀케 되길 원합니다.

2019년 2월 20일

인재에게 최고의 대우를
하고 싶습니다

▶ ▶ ▶ ▶

갑작스러운 과거의 기억이 떠오를 때
흥미로워지는데, 최근에 떠올린 기억이 그렇습니다.

MYSC의 사업 단계를 사업소재지로 보면
교대역 (2011~2012년), **명동 청어람**[*] (2013년~2014년),
크레비스 타운[**] (2015년~2016년),

---

[*]   명동에 위치한 이 공간은 열매나눔재단(Merry Year Foundation)의 소유입
      니다. 이름에서 드러나듯 관계로 따지면 열매나눔재단은 첫째이고, Merry
      Year Social Company(MYSC)는 둘째 동생이라고 볼 수 있습니다. 사회혁신
      접근에 있어서 비영리와 영리 접근 모두 필요하다는 당시 공동창업자들의
      인식에 따라서, 먼저 열매나눔재단이 설립되었고 이후에 열매나눔재단의
      도움을 포함해 새로운 공동창업자들이 참여하여 MYSC가 설립되었습니
      다. 당시 MYSC는 정규직 6~7명 정도의 소규모 조직이었습니다.
[**] 크레비스 타운은 성수동에 위치한 임팩트 벤처 그룹 '크레비스파트너스'
      및 관계사들의 공유 오피스입니다. MYSC는 크레비스파트너스가 주주로
      참여하면서 초기 성장에 필요한 많은 도움을 받았고, 2015년 크레비스파

2019년

59

헤이그라운드[*] (2017년~) 등으로 구분됩니다.

당시 명동역 청어람 시기의 기억입니다.
누군가 이런 이야기를 들었다며 전해주었습니다.
"MYSC는 아무나 쉽게 들어갈 수 있는 기업이다"라고
주변에서 많이들 말한다는 겁니다.

그 의미가 무엇이고
왜 그런 이야기가 퍼졌는지 궁금했습니다.

당시 함께 근무했던 누군가, 친구들과의
편한 자리에서 이렇게 말했을 수도 있습니다.
"월급 적게 주어도 괜찮은 사람들만 뽑아."

트너스가 성수동으로 이전하며 소위 '성수 소셜벤처 밸리' 형성에 기여할 때 함께 이동했습니다. 이 당시 MYSC는 정규직 12명 정도의 조직으로 성장했습니다.

* 헤이그라운드(Hey Ground)는 성수동에 위치한 사회혁신 조직들의 본산과 같은 상징적 공유오피스입니다. 헤이그라운드가 다른 공간들과 확연히 달랐던 점 중 하나는 공간이 설계되고 공사가 진행되기 전부터 입주할 곳들이 모여서 '우리가 원하는 공간과 문화'를 함께 설계하는 기회가 제공되었다는 점입니다. 임팩트 생태계를 키우는 사단법인 루트임팩트의 리더십과 운영을 통해 헤이그라운드는 수많은 사회혁신 조직들이 성장하고 커뮤니티를 만드는 공간이 되었습니다. 이 당시 MYSC도 헤이그라운드 시절을 통해 40명에 육박하는 빠른 성장을 이룰 수 있었습니다.

"전문성이 떨어져도 입사시키고 일 주던데?"

어떤 이유에서, 왜 그렇게 되었든
기업으로서 그런 이야기를 듣는다는 것에
무척 창피하고 속상하고 가슴이 아팠습니다.

그 뒤로 최고의 인재를 뽑고 그만큼 최고의 대우를
할 수 있는 기업이 되도록 만들어보자고 결심했습니다.

그 기준 중에 하나는 구성원 중에 총 연봉 합산이
1억 원 이상을 받는 분이 나오는 것도 포함되어 있습니다.
그렇게 될 때, 이 섹터의 지속가능성과 산업군으로서의
존재가 완성될 것이라고 봤기 때문입니다.

▶ ▶ ▶ ▶

오늘까지 구성원 여러분들과
연봉협상, 재계약을 잘 마무리했습니다.
미팅 가운데 좋은 질문, 더 나은 제안과 아이디어를
주신 분들께 모두 감사드립니다.

매년의 성과를
대표 혼자서 다 관리하고 만들어갈 수 없기에

2019년

우리 함께 성과를 키워가고
재무적 가치 또한 크게 만들 수 있음을,
소셜섹터에서도 생활임금 이상의 축적된
자본을 쌓아갈 수 있음을 계속 실현해 가면 좋겠습니다.

또한, 사회적 가치와 미션에 충실하고 진정성이 있다면,
재무적 가치라는 열매는 자연스럽고 당연한 결실임을
우리가 지속적으로 입증할 수 있다면,

이 또한 엄청난 소셜임팩트(social Impact)를 사회에
전달하는 것이라 생각합니다.

그 여정을 여러분들과 함께하기에
기대됩니다.

2019년 3월 20일

노력으로 주어지지 않는
그것, 행복

▶ ▶ ▶ ▶

오늘 아침 헬스장에 가며
마침 학교 가는 아들, 아내와
같이 집을 나섰습니다.

한결이의 손을 잡는데
아이는 초4인지라 꾀를 내며
손을 피해 도망가기에
아내가 말합니다.

"너도 부모가 되면 이렇게 손을
잡는 게 어떤 의미인지 알게 될 거야.
행복 에너지를 충전하는 거거든."

옆에서 보니 이 꼬마도 이해했는지
살짝 미소를 지으며 엄마, 아빠의

2019년

손을 꼭 잡습니다. 무척 행복했습니다.

얼마 전 공유드린 서울대 최인철 교수님의
'행복의 4대 보험'이라는 글이 떠올랐습니다.

> 1. 좋은 인간관계(intimacy)
>
> 2. 자율성(autonomy)
>
> 3. 의미와 목적(meaning & purpose)
>
> 4. 재미있는 일(interesting job)

MYSC는 한국 사회에 전례 없는
실험을 해 나가고 있습니다.

그래서 우리에게 꼭 필요한
행복 보험입니다.

한번도 안 가본 길, 늦은 밤이라도
엄마, 아빠 또는 사랑하는 누군가와 동행의
손을 잡고 있으면 우리는 안전감을 느끼며
설레는 여정을 지속할 수 있습니다.

여러분은 오늘도 위의 4가지
행복 보험의 '손'을 꼭 잡고 계시나요?

▶ ▶ ▶ ▶

이러한 행복 보험은 우리의
공로나 노력의 대가로 주어지는 것이 아닙니다.
누군가는 절실히, 애절하게 필요로 하지만 얻을 수 없고,
MYSC인 우리에게는 주어지는
이것을 페이버(favor)*라고 합니다.

그 페이버(favor)를 알기에
우리는 행복 보험을 바탕으로
최선의 경주와 책임을 다하는
사내기업가의 여정에 몰두할 수 있습니다.

봄 기운이 물씬한, 즐거운 4월,
행복 보험으로 인해 더욱 유쾌하길
축복합니다.

2019년 4월 20일

---

* 페이버는 29쪽 각주 용어 설명 참조.

시간의
복리 효과

▶ ▶ ▶ ▶

월요일인데 금방 금요일을 경험하며
시간이 참 빠르다는 생각이 들었습니다
해야 할 가치가 있는 일이 쏟아지는 요즘입니다.

그러다가 가치 있는 기회와 임팩트를 창출함에
시간이 빠르게 간다는 것은 어쩌면
좋은 면도 있습니다.

저축은 금리에 따라 이자를 받는데
시간이 갈수록 누적되는 금리가 많아집니다.

비슷하게 기업 역시 시간이 갈수록
좋은 기회가 누적될 확률이 높습니다.

단, 이러한 시간의 흐름이 긍정적인 영향을
가져오기 위해서는 초기의 원금, 최초의 기회,

현재 역량이 처음부터 좋아야만 합니다.

지금 내가 가진 원금이 무척 작거나
내가 구사할 수 있는 역량 자체가 낮다면

시간이 흘러도, 아무리 빨리 흘러도
가치가 늘어나고 더욱 높아지기보다는

시간이 흐를수록, 빨리 흘러갈수록
원금 자체가 손해이고, 역량은 소모되고
경쟁력과 기회는 손실될 확률이 높습니다.

우리가 가진 것들, 우리의 핵심역량들은
시간이 흐를수록, 빨리 흐를수록
더욱 성장하고 열매를 맺는 것들일까요?

▶ ▶ ▶ ▶

시간이 흐를수록 더욱 큰 가치를 가지는 것들의 예는
외국어 실력, 축적된 경험과 인사이트, 성공 경험 등입니다.

조금 더 우리의 일상적인 삶에서 찾아본다면
예쁜 말, 사랑스러운 태도, 헌신적인 리더십,

2019년

몰입하는 태도, 남을 배려하는 마음가짐,
성장의 마인드셋, 남을 빛내는 겸손 등이
있지 않을까요?

사실 이러한 것들이야말로
시간이 흘러갈수록, 빠르게 흐를수록
우리의 삶을 더욱 윤택하게 하는 것들입니다.

오늘도 만난 한 소셜벤처 대표에게서
"MYSC의 모든 분들은 왜 그리 예쁜 말과
닮고 싶은 태도를 지니고 있나요?
비결이 무엇인가요?"라고 들었습니다.

MYSC가 시간이 흐를수록
더욱 멋진 기업, 더욱 가치가 높은 기업이
될 수 있음을 확인할 수 있는,
스몰데이터(Small Data)를 오늘도 하나 얻었습니다.

시간의 흐름 속에 함께 성장하며 열매 맺는
그것이 여러분들에게는 무엇일까요?

2019년 5월 20일

사회혁신 분야
태릉선수촌

▶ ▶ ▶ ▶

얼마 전 대통령의 스웨덴 경제사절단에
스타트업이 포함된 것도 처음이었고
소셜벤처가 동행한 것도 처음이었습니다.
거기에 임팩트투자자로 MYSC가 추천을
받아 참여한 것도 감사했습니다.

또한, 국가간 정상회담 의제로 채택된
사회적 기업가정신(social entrepreneurship)[*] 이란 단어가

---

*   사회적 기업가정신은 사회환경의 문제를 기업의 방식으로 풀거나, 또는 자
     신이 옹호하는 사회·환경적 가치를 기업의 방식으로 창출하는 접근이자
     세계관을 의미합니다. 초기에는 주로 비영리 분야에서 많이 활용된 개념이
     지만, 현재에는 영리 분야를 포함해 폭넓게 사용되는 기업가정신 개념 중
     하나입니다. 노벨평화상을 수상한 방글라데시의 빈곤퇴치 운동가 무하마
     드 유누스(Muhammad Yunus) 박사를 통해 널리 알려졌습니다. 저는 런던
     에 소재한 Hult International Business School에서 석사 과정을 거쳤는데, 석
     사 과정의 이름이 Master of Social Entrepreneurship이었습니다. MBA 과정

2019년

공식 배너와 배경에 들어간 것도
놀라웠습니다.

게다가, 대통령이 직접 표현한
"임팩트투자는 재무적 이익과 사회적 가치를
함께 만드는 매우 중요한 수단입니다."
"기술혁신만이 아닌 사회혁신이 반드시 함께
해야 합니다"라고 말하는 것을
듣는 것도 무척 감동이었습니다.

곧 있을 7월 5일, 대전에서 진행되는
정부 부처 합동 행사에 참석하는데
대통령, 부총리, 기업 회장 등 500명이
모인 자리에서 제가 발표자로 선정되어
'사회적 경제를 통한 민간의 사회적 책임 창출 사례'를
5분간 발표하게 되었습니다.

이때 저희가 개념설계하고, 가설 검증하며
새롭게 창출했던 OO금융그룹이나

에서 배우는 통상적인 과목 외에 디자인씽킹, 국제개발협력, UX방법론, 사
회혁신 컨설팅 방법론, 지속가능경영 등 다학제적 과목들이 많이 포함되어
있어서 매우 흥미롭게 공부한 기억이 납니다.

OO그룹의 사업 등도 소개할 수 있게 되어
특별히 감동과 감사를 느낍니다.

이러한 변화와 도전의 열매들이 가능한 것은
MYSC 사내기업가로 함께해 주신 여러분 덕택입니다.

▶ ▶ ▶ ▶

우리를 둘러싼 외부 환경과 맥락은
그 어느 때보다 더욱 좋아지고 우호적이며
MYSC에 대한 많은 곳들의 기대와
칭찬 등이 이어지고 있습니다.

이러한 때일수록 우리 각자는
이것이 우리 개개인의 진짜 실력인지,
개인의 성장은 잘 진행되고 있는지
구성원과 팀 간에 소통은 잘 되고 있는지
더 꼼꼼하게 점검하고 확인할 필요가 있습니다.

그 어느 때보다도 **MYSC fit***에 맞는

---

* MYSC는 성숙, 성장, 성과라는 MYSC Three-Star(三成)가 존재하는데, 각
   각의 영역별로 MYSC fit이 존재하며 채용하는 절차에서 또는 내부 승진 검

구성원으로 여러분들이 가치를 내재화하는지
점검하고 개선해 가며,
신규 채용시에는 MYSC fit에 맞는 사람을
선별해 채용하는 것이 보다 중요해졌습니다.

조만간 각자를 돌아보며
자율과 책임이 얼마나 균형을 이루는지
지난 6개월, 1년 전과 비교하여 성장과 성숙
그리고 업무 처리에 생산성과 효과성을
창출하고 있는지 살펴보며
서로 격려, 축하 또는 따끔한 피드백을
나눌 수 있는 기회가 있을 것입니다.

MYSC에 함께 있다는 것은
국가대표 사회혁신가/사내기업가를 키우는 '태릉선수촌'에
목적을 가지고 들어왔다는 뜻입니다.

토 등에서 활용하고 있습니다. '어른으로서 행동하며 책임지는 개인'과 관련된 성숙 분야는 4가지 fit(transparency, accountability, feedback-coachable, as systems-thinker), '고수로서 학습하며 발전하는 개인'을 의미하는 성장 분야는 3가지 fit(pro-active, in self-discipline, community-leading), 그리고 마지막으로 '프로로서 성과에 기여하는 개인'과 관련된 성과 분야에 3가지 fit(lean, intrapreneurial, result-based) 등이 포함되어 있습니다.

그런 목적에 동의하는 모든 분들이
성장하고 성숙하도록 지원하고 돕는 배경이 되는 것이
CEO로서 저의 최우선 목표입니다.

6월도 수고 많으셨습니다!

2019년 6월 20일

상처 입은
치유자

▶ ▶ ▶ ▶

오래된 일기장을 펼쳐 20대를 마무리하고 있던,
아직 백수였던 '청년 에이블'을 찾아보았습니다.

> '나의 당황스러움과 조급함들, 두려움들.
>
> 빨리 가지 않으면 뒤쳐지진 않을까.
>
> 이렇게 지내다가 잊혀지진 않을까.
>
> 가난할 때에야 비로소 보이는 길'
>
> 2007년 1월 17일

아직 일자리를 못 찾은,
스스로도 무엇을 잘하는지 확신이 없던
당시의 '청년 에이블'은 무척 두려웠나 봅니다.

그러다가 운이 좋게 3월 19일 UN에 입사합니다.
그리고 딱 두 달 후인 2007년 5월 18일

당신은 어떤 월급을 받고 있나요

'직장에 출근한 지 두 달이 되어 가는데 오늘이
그동안 힘들었던 모든 것의 총합이었다.
일을 못하는 것, 못할 수도 있다는 것에 대해서는
그다지 부끄럽지 않다. 적응하는 단계이기 때문이다.
하지만, 단번에 오해를 받게 된 순간
무엇보다 힘들었다.
또 상징적인 의미로 자리까지 옮기게 되고….'

출근 두 달 만에 팀장에게서
'꼴보기도 싫으니 당장 나한테 안보이는
저 벽 뒤로 자리 옮기세요'라는 이야기를 듣고
주섬주섬 자리를 옮기는 순간
인생의 패배자, 낙오자란 생각이 들었습니다.

사무실에는 적막이 흘렀고,
10여 명 있는 직원 누구도 아무 일이 없었던 듯
그날 아무런 위로나 격려를 받지 못했습니다.

그때 깨달았습니다.
이러한 경험을 내게 상처로 남게 할 것인가?
아니면 **'상처 입은 치유자'*** 로 소화할 것인가?
선택은 저의 몫이었습니다.

2019년

노트를 꺼내 놓고 시시때때로 기록을 시작했습니다.

"내가 팀장이 된다면 이런 것은 하지 말아야지."

"조직에 정이 떨어지게 하는 이런 건 막아야 돼."

"인격적인 직장은 어떤 모습일까?"

▶ ▶ ▶ ▶

돌이켜 보니 그때 제가 당한

비인간적이고, 비열하며, 억울했던

모든 경험들이 오늘날 MYSC를 위해

또, 여러분들을 위해 제가 미리 경험해야

했던 소중한 나날임을 깨닫습니다.

MYSC에도, 제게도 여전히 부족한 점과

개선되어야 할 점이 너무 많습니다.

---

*   세계적인 영성가 헨리 나우엔(Henri Nouwen)의 저술 중 최고의 역작으로
손꼽히는 책. 원제 『The Wounded Healer』에서 드러나듯 헨리 나우엔은 우
리 각자가 가진 상처와 실패, 좌절 경험 등이 다른 사람에게 치유의 원천이
될 수도 있음을 설명합니다. 이는 TED 강연 중에서 최고 조회수를 기록한
강연 중 하나인 브린 브라운의 〈취약성의 힘〉(The Power of Vulnerability)과
도 일맥상통하는 부분입니다. 우리가 취약성을 먼저 나누고 공유할 때, 우
리는 더욱 온전해질 수 있는데, 바로 그것이 인격적이자 인간됨의 원천이
라는 부분은 우리가 꼭 기억해야 할 삶의 지혜라고 생각합니다.

그 부분을 혹시 여러분들이 먼저
깨닫게 되신다면

이제는 저처럼 기록으로
남겨 두어도 좋겠습니다.
그 내용을 함께 공유해 주세요.
그리고 함께 더 나은 우리가 되게 도와주세요.

서로를 존귀케 하며
개개인이 인격적으로
자신의 모습 그대로
안전하게 머물며
멋진 도전을 지속할 수 있는 곳,
이러한 MYSC를 만드는 데
여러분도 선택할 수 있습니다.

지난 한 달도 수고 많으셨습니다.
고맙습니다.

2019년 7월 19일

누가
전문가인가?

▶ ▶ ▶ ▶

오랜만에 한 지인이 초대를 해주어
편하게 저녁식사를 하며 맥주도 마셨습니다.

이런저런 이야기를 하다가 지인이
고민을 털어 놓았습니다.

"제 전문성은 무엇일지 잘 모르겠어요."
"더 늦어지기 전에 전문가가 되고 싶어요."

이제 곧 40세가 되는 지인은
제가 볼 때 몇몇 특정 분야에서
전문가로 인식되는 분이었습니다.

그 분은 유명한 대기업과 유니콘으로 기대되는
스타트업에서 큰 책임과 직책을 맡기도
하며 이력서 상에 부족함이 없었습니다.

고객이나 파트너가 어떤 분야의
누군가를 추천해 달라고 하면
제가 국내에서 손에 꼽는 5명 중 한 명이기도 합니다.

전문성 또는 전문가란 무엇인가에 대해
저 역시 오래 고민했고 많은 경우의 수와
지인들 그리고 선후배들을 관찰해 왔기에
조심스럽게 역질문을 했습니다.

"보시기에 저는 전문성이 느껴지시나요?"

흥미롭게도 지인은 주저하지 않고
"4가지나 있어요"라며
꽤 길게 그것이 무엇이며
왜 그렇게 생각하는지
설명해 주었습니다.

흥미로운 이야기를 해준 지인에게 감사를 표하며
저는 다시 물었습니다.

"제 전문성이라고 설명해 주신 내용들은 통상
전문가를 뜻할 때 언급되는 전문지식, 역량이 아닌
성격, 인격, 소프트스킬 등의 내용들이네요.

2019년

그렇다면 과연 무엇이 전문성일까요?"

▶ ▶ ▶ ▶

"전문가가 되고 싶어요", "전문 분야를 가지고 싶어요"라는
이야기를 들을 때, 이제는 제 나름대로
번역기를 돌려서 진짜 메시지를 이렇게 공감합니다.

> "저도 보다 가치 있는 일에 참여할 기회를 얻고 싶어요."
> "저도 제 잠재력을 인정해 주는 곳에 있고 싶어요."
> "제가 성장하도록 진심으로 돕는 직장에 다니고 싶어요."
> "저도 존경하는 멋진 동료들과 함께 일하고 싶어요."
> "저의 재능과 장점으로 세상의 변화에 기여하고 싶어요."

'전문가'나 '전문성'에 대한 문제 정의가 과거와 달리
현재와 앞으로의 시대에는 확연히 달라지고 있습니다.

전문성을 확보하고, 전문가가 되고 싶은 것 자체가
목적이 아니라, 왜 그것을 갈망하는지가 중요합니다.
진짜 원하는 것은 그 너머의 무엇 아닐까요?

여러분은 전문성과 전문가에 대한 문제를

어떻게 정의하고 싶나요?

그리고 여러분 각자와 저의 전문성은

무엇이라고 생각합니까?

이 흥미로운 주제의 대화를

여러분들과 앞으로 더욱 많이 나누고자 합니다.

2019년 8월 20일

우리답지 않다는
말을 들을 때

▶ ▶ ▶ ▶

얼마 전 한 대기업 고객이 이렇게
메시지를 보내주셨습니다.

'저희가 MYSC를 생각하고 느끼는 것은
MYSC가 **파타고니아**[*]를 생각하고
좋아하는 것과 비슷합니다.'

공공 분야의 한 고객은
이렇게 말씀해 주셨습니다.

"MYSC와 함께 하는 것 자체가 성과라
가급적 오래 함께 하기 위해 연간 계약이 아닌
한번에 3년 계약으로 바꾸도록

---

*   기업 '파타고니아'는 MYSC에게 '영감의 원천'이 됩니다.

검토하고 있습니다.”

반면, 어떤 고객과 파트너들은
이런 이야기를 들려주셨습니다.

“MYSC에 대한 신뢰를 갖고 있던 오랜 팬으로서
MYSC답지 않은 최근 경험이
아쉬웠습니다.”

그리고 또 어떤 분은
“MYSC를 참으로 많이 좋아하기에
아주 작은 수준으로 시작된
만족되지 않은 부분의 작은 시그널을
사전에 캐치하시는 게 꽤 중요하지 않을까”라고
의견을 주셨습니다.

양 극단의 메시지들에
혼란을 느낄 수도 있지만,
극단의 메시지들에서 공통적으로 발견하는
긍정적인 면도 공존합니다.

바로 외부에서 느끼는 ‘MYSC다움’이
존재한다는 사실입니다.

2019년

최근
"과업이 만족스럽지 않아요."
"결과가 기대 이하입니다"라는
이야기를 들어본 적은 없습니다.

하지만,
"MYSC답지 않다"라는 말을 들을 때
차라리 과업과 결과에 대한 불만족을
듣는 것이 더 좋겠다는
생각도 들었습니다.

여러분은 어떠신가요?

▶ ▶ ▶ ▶

우리의 진짜 실력과 임팩트는
MYSC답게 우리의 철학과 가치를
말하는 것과 실행하는 것이 일치할 때,
결과뿐 아니라 과정도 지켜갈 때,
알을 깨고 나오는 치열함과
탁월함의 수준을 놓지 않을 때
MYSC다움이 드러나게 됩니다.

가을입니다.

고객, 파트너 그리고 우리가
서로서로에게 어떠한 행동과
언어 그리고 마인드로 함께하는지
더 깊게 성찰해 가는 계절이
되기를 소망합니다.

2019년 9월 20일

종교 미팅에
온 것 같아요

▶ ▶ ▶ ▶

연 매출 100억 원가량의 한 중소기업과
이메일을 주고받다가 전화 통화를 했습니다.

제가 대표임을 밝히자
"아, 에이블이신가요?"
저희 블로그의 애독자였습니다.

이 분과 후속 논의를 위해
OOO 선임연구원을 이메일로 연결하니
이 분은 저희 블로그에서 'OOO'를
검색하여 "OO(닉네임)이죠?"라고 묻습니다.
외부에서는 우리가 누구인지를 알고 있습니다.

S그룹 지주사에서
자유와 책임 문화 기반의 구성원 변화 사례를

찾다가 MYSC의 사례를 듣더니
전체 특강을 요청해 주셨습니다.

더 나아가 S기업에서는
해당 팀의 두 직원을 저희 사무실로 보낼 테니
우리가 미팅을 하고 회의를 하고
학습을 하고 업무를 하는 일상 현장을
관찰하고 옆에 있도록 해달라는 부탁을 주셨습니다.

어제 만나 저녁 식사를 했던 몇몇 MZ청년들은
MYSC가 오래오래 기대되는 것은 사업의 결과만이 아닌,
그 과정과 방식이 통상의 기업과 다르기
때문이라고 해석해 주었습니다.

오늘 있었던 액셀러레이션 전체 세션에 참여했던
한 소셜벤처 참가자는 제게

"여기 미팅은 마치 종교 미팅에 온 것처럼
포용되고 존중받고 사랑받는 따뜻한 느낌인데,
이런 건 처음이에요"라는 소감을 주었습니다.

지난 수년간, MYSC 사내기업가들이
어렵게 가꾸고 지켜오고 만들어 가는

2019년

사내기업가 문화와 혁신조직의 인터널브랜딩이
작년에는 느끼지 못했던, 그 어느 때보다 뚜렷한
외부의 반응과 호응, 영향을 만들어 내고 있습니다.

▶ ▶ ▶ ▶

마케팅의 아버지 필립 코틀러(Philip Kotler)는
"기업에 각인된 독창성은 경쟁자가 모방하기 어렵다"며
이러한 기업은 '브랜드 리더십'을 보유하고 있어
"가격추종자가 아닌 가격결정자"로서
시장가격과 가치를 결정할 힘을 갖게 된다고 말합니다.

또한, 이를 위한 이상적 조건은 "모든 직원이
고객과 만날 때 기업의 브랜드 DNA를
생동감 있게 보여주는 것"이라고 설명합니다.

MYSC의 브랜드 리더십, MYSC의 브랜드 DNA
그것이 보이고, 들리고, 느껴지고, 경험되는 곳은
바로 우리 각자 여러분 한 분, 한 분입니다.

깊어 가는 가을 여러분 한 분, 한 분이 풀어내는
브랜드 리더십, 그리고 브랜드 DNA에 대해

질문하며 이야기를 나누고 싶습니다.

이번 한 달도 충분히 수고하셨습니다.

2019년 10월 18일

자유가 베푼 혼란과 부작용에
스스로 혐오를 느낄 때

▶ ▶ ▶ ▶ ▶

가을 날씨가 청명했던 어느 토요일,
대학로를 지나가다 우연히
장 면 국무총리의 사저를 발견하고
잠시 들어가 본 적이 있습니다.

이승만 초대 대통령이 하야하고
제2공화국이 출범하면서
현재까지 유일무이하게
내각책임제에서 국무총리로 취임했던 분입니다.

이승만의 '민주독재'와 박정희의 '군사독재'
그 중간에 자리 잡은 이 독특한 시기에는
양극단적 평가가 존재합니다.

연일 계속되는 데모와 이익 단체의 설립,

다양한 욕구의 주장과 이로 인한 사회갈등까지
혼란이 계속되면서 결국 5.16 쿠데타를 통한
군사독재가 시작되었다고 누군가는 평가합니다.

강한 리더십과 분명한 질서 그리고 가이드의 존재는
확실히 목표의 달성과 결과를 만들어 내는 데
단기적으로는 가장 효율적이라 느낄 수 있습니다.

반면 장 면 국무총리가 생각했던 비전은
외형적 통제를 통한 단기적 효율이 아니라
책임에 기반한 자율을 통한 장기적 효과였습니다.

> '총검에 의한 외형적 질서'보다는 '자유 바탕 위의 질서'가
> 진정한 민주적 질서라고 믿었기 때문에,
> 오랫동안 자유당 정권 하에 억눌렸던 국민들이
> 자유가 허락된 이때에 쌓이고 쌓였던 울분을
> 한 번은 마음껏 발산시키고 나서야
> 가라앉을 것임은 어찌할 수 없는 일….
> '국민이 열망하던 자유를 한 번 주어보자'는 것이
> 민주당 정부의 이념이었다.
> 갈수록 혼란을 더해 가는 사회 상황 속에서 우리는 철권으로
> 억압하는 대신

2019년

시간으로 다스리고자 했다.

귀와 입으로 배운 자유를 몸으로 배우게 하려는 의도였다.

자유가 베푼 혼란과 부작용에 스스로 혐오를 느낄 때

진실한 자유를 얻는 것이다."

장면, 『인생회고록』

▶ ▶ ▶ ▶

자율, 사내기업가, 피드백과 회고,

디자인씽킹, 어른다운 태도와 책임 등

MYSC의 많은 지향점 역시 단기적으론

혼란과 부작용을 가져올 수도 있습니다.

이를 제대로 배워본 적도,

그렇게 살도록 기대받고

요청받은 적도 없기에

분명 이러한 지향점으로 가는 여정은

어렵고 힘들고 고통스럽습니다.

그래서 우리에게는 절대적으로

'시간'이 필요합니다.

당신은 어떤 월급을 받고 있나요

이를 통해 귀와 입으로 배웠던 것들이
우리 몸에 체화가 되어갈 때,

혼란과 부작용, 비효율적이고 모호한 경험들 때문에
앞이 보이지 않고 스스로 낙담할 때쯤,
위대한 리더들과 혁신가들이 그러했듯
우리 역시 깨닫게 되리라 믿습니다.

'진실한 자유'를 누리며 사회적 목적을
추구하며 일한다는 것의 진정한 의미를.

한 명, 한 명의 여정을 축복하며
여러분들의 지혜가 충만하길 기도합니다.

2019년 11월 20일

배경이 되는
기쁨

▶ ▶ ▶ ▶

살아가면서 가장 아름다운 일은
누군가의 배경이 되어주는 일이다

안도현, 『연어』 중에서

이보다 더한 기쁨이 이 세상에 또 있을까요?

한 사람의 밝음을 위해 '어두움'을 마다하지 않고,
그의 돋보임을 위해 자신이 '무딤'을 자처하며,
함께 하기 위해 '배경'이 되기를 선택하는 것보다
더한 기쁨과 행복이 또 있겠습니까?

당신의 배경이 되어 주는 것이야말로
내가 그대를 위해 할 수 있는 가장 소중한 것입니다.

▶ ▶ ▶ ▶

2004년 7월 24일, 27살 아직 백수였던 어느 날
용기를 내고 보냈던 글이 수많은 독자 글 중에 뽑혀
'고도원의 편지[*]'에 등장했던 날입니다

며칠 전 아내가 달려 있는 댓글들을 다시 읽어 보라며
전달해 주어 정말 오랜만에 다시 읽어봤습니다.

배경이 되는 기쁨은,
20대 후반이 되면서 제가 정한 삶의 기치였습니다.

내 스스로가 탁월하기에는 늦었다고 생각돼
누군가를 돕는 역할만으로도 좋겠다 생각했습니다.
그렇게 누군가가 고민이 되면 쉽게 연락하고
편하게 다가올 수 있기 위해 노력했습니다.

지금 돌아보면 누군가를 돕는다는 것은
스스로만 탁월한 것보다 더 큰 노력과 대가를
지불해야 하는 것임을 깨닫습니다.

내가 더 탁월해야, 탁월한 누군가를
도울 수 있기 마련이죠.

---

*   http://www.godowon.com/last_letter/view.gdw?no=891

2019년

배경이 되는 기쁨이 되기 위해 노력하자
저 역시 탁월해져야 했고 조금씩 탁월해졌고,
탁월해짐이 결국 누군가의 배경이 되어 주는 것임을
깨달았습니다.

2019년, 사회혁신의 많은 영역에서
많은 이해관계자를 섬기고 도우며 함께하면서
여러분들은 '배경이 되는 기쁨'을 누렸나요?

그 이야기를 여러분 한 분 한 분과
커피를 마시며 나누고 싶습니다.

I wish you a merry year!

여러분의 배경이 되는 기쁨,
에이블 드림

2020년 12월 20일

2019년,
어떤 열매를 맺었을까?

▶ ▶ ▶ ▶

'2차 리즈' 시절의 재무적 성과는 매출 33억 원, 순이익 11.5억 원으로 특히 매출 대비 순이익 비율에서 최고 기록을 세웠다. 회사가 '비영리 단체'가 아니냐는 질문을 많이 받았지만 2019년의 재무적 성과를 통해 '사회혁신' 분야에서도 영리기업이 생존 이상의 의미 있는 성과를 만들 수 있음에 고무가 되었던 한 해였다.

전년도에 결성한 첫 번째 개인투자조합을 통해 '유니크굿컴퍼니', '남의집', '해녀의부엌', '테사', '위대한상사', '리비저너리(구 몽세누)', '퍼플더블유' 등에 투자가 진행되었다. 통계적으로 벤처캐피털(VC)은 첫 번째 조합의 투자 성적이 대체로 좋은 편인데 이를 '초심자의 운(Beginner's Luck)'이라고도 부른다. '유니크굿컴퍼니'는 성수 소재 매장에 연 10만 명 이상이 방문하는 핫플레이스가 되었고, '해녀의부엌'은 1세대 최고의 로컬 크리에이터, '테사'는 미술품 조각투자의 선구자격인 스타트업으로 성장했다.

▶ ▶ ▶ ▶

전 세계를 휩쓴 코로나19의 영향이 MYSC에게도 엄중했다. 40명이 넘어서며 빠르게 성장해 온 MYSC는 불가피한 원격근무 시행으로 조직에 필요한 응집력을 탄탄히 다질 기회를 갖지 못했다. 처음으로 다양한 성장통을 경험했고, 개인적 커리어에 더 관심이 많은 구성원들이 늘어남과 동시에 새롭게 합류한 분들과 초기부터 근무한 구성원들의 팀워크가 느슨해지면서 과거의 낮았던 퇴사율도 이때 빠르게 증가했다.

2020년은 어떤 해였을까 **?**

그렇지만 오히려 사내기업가(Intrapreneur)의 발전 단계를 세밀하게 구성한 '성숙', '성장', '성과'를 의미하는 MYSC의 삼성(三成) 조직 문화가 마련되었다. 구성원들과 '함께 하고 싶은가?'(성숙), '함께 일하고 싶은가?'(성장), '함께 성공하고 싶은가?'(성과)와 같은 질문을 함께 토의했고, 모든 구성원들이 모두를 대상으로 피드백을 제공하고 해당 결과를 전사 공유하는 360도 리뷰가 더욱 촘촘해졌다.

외부에 자주 듣는
3가지 질문

▶ ▶ ▶ ▶

작년 한 해, 외부 미팅에서 가장 많이 들었던
TOP 3 질문과 제 관점을 소개하며
새로운 한 해의 방향을 나눠보고자 합니다.

▶ ▶ ▶ ▶

"MYSC는 인기가 많고 일도 많고 바빠 보이는데
저희 사업과 요청도 하실 수 있을까요?"

핫한 '맛집'은 몇 시간이고 줄을 서서 차례를 기다립니다.
대신에 기다리지 않아도 되는 텅 빈 식당에 들어가서
100% 만족도를 기대하는 사람은 없습니다.

'토스'나 '배달의민족'과 협업할 때 누구도 이곳에서
'바빠 보이니 저희랑 잘 할 수 있을까요?'라고

질문하지는 않습니다.

고객이 많이 찾는다는 것은 그만큼 실력이 열매로 드러났고
만족한 고객의 이야기가 널리 확산되었기 때문입니다.

현재 MYSC가 30명이 넘어섰다고 하면,
여전히 과거의 10명 내외의 모습으로 기억하는 고객과
잠재 고객들이 많음을 발견합니다.

규모에 대한 오해도 존재합니다.

'바빠서 잘 할 수 있을지 모르겠다'에서
'MYSC라서 기대되기에 어떻게든
MYSC와 함께 하고 싶다'로 진화하기 위해

올해 우리는 어떻게 해야 할까요?

▶ ▶ ▶ ▶

"그렇게 많은 인원이 꼭 필요할까요?
더 작게 운용해야 진행이 빠르고 비용도 효과적일 텐데요."

외부에서는 MYSC가 인원을 계속 늘려가는 걸 궁금해합니다.
이는 '업'에 대한 명확한 이해가 없기 때문입니다.

제조업은 '최신 설비', 반도체업은 막대한 'R&D'라면,
MYSC가 속한 혁신업은 '인재'가 성장동력입니다.

1~2명의 뛰어난 혁신가들로는 비교 우위를
경쟁력 있게 5년 이상 유지하기 어렵습니다.
30명이 넘는 혁신가들이 함께한다면
비교 우위를 5년 단위마다 매번 바꾸어
끊임없이 경쟁력을 가지고 성장할 수 있습니다.

매년 비슷한 인원을 유지하는 조직과
매년 인원이 지속적으로 증가하는 조직의
앞날은 분명 다릅니다.

인원 증가를 비용으로 보아 통제하는 곳과
인원 증가를 투자와 무형자산으로 보는 곳의
미래 역시 분명히 달라집니다.

소수의 사람만이 드러나고 주목받는
곳이 아니라, 대다수의 구성원이
자신의 핵심역량과 브랜드를 갖춘
'어벤져스' MYSC가 되기 위해
올해 우리는 어떻게 해야 할까요?

▶ ▶ ▶ ▶

"회사에 주니어들이 많은데 실력을 기대할 수 있을까요?
유명대 출신이나 컨설팅펌 출신 등 경력직을 더 뽑아보세요."

혁신업의 관점에서 다른 영역에서의 경험 유무가
혁신업에 뛰어들 때의 강점이 된다는 인과관계는
존재하지 않습니다.

혁신은 오히려 불확실성과 모호함의 배양에서
탄생하는, 비정형과 비확실의 예술이기에
다른 영역에서 구축한 확고한 체계는
때로는 장애물과 고정관념, 편견의
기준이 되기도 합니다.

따라서 경력직 외에도 혁신업은
무경력자라도 자신의 태도와 마음에 따라
뛰어난 혁신가가 탄생할 수 있는 영역입니다.

다수의 조직은,
이미 준비된 인재를 뽑고 그 효용이 다하면
다시 적합한 인재로 교체합니다.
비용 면에서 이것이 효과적입니다.

2020년

백지 상태의 주니어를 선발해서
기회를 제공하고 성장하게 도우며
성과를 창출하는 인재로
키우기 위해서는 인내하고 신뢰하며 투자해야 합니다.

물론 MYSC는 학원이나 자선집단이 아닙니다.
주니어에 대한 미래투자와 인내를 지속해
주니어가 혁신가로 성장하도록 돕기 위해

MYSC가 조직으로서,
그리고 주니어는 주니어로서

올해 어떻게 해야 할까요?

2020년 1월 20일

큰 그림을 보는
전문가가 희소하다

▶ ▶ ▶ ▶

얼마 전 대학교 총장님, 교수님들과
만나 식사를 한 적이 있습니다.

"요즘 경영대학교에서 구하기 어려운
전공 교수가 누군지 아세요?"

AI빅데이터 경영? 행동경제학자?
4차산업혁명 시대 전공?

"'경영학 개론'입니다.
경영일반, 재무, 마케팅, 전략, 인사, 혁신 등을
쭉 이어서 가르칠 분이 없어요."

재무 전공 교수님은 "나는 재무는 할 수 있지만…."
인사 전공 교수님은 "제가 어떻게 혁신을…."
전략 전공 교수님은 "제가 어떻게 마케팅을…."

2020년

며칠 전 국내 기업의 CSR팀과 미팅이 있었습니다.

"저희가 시니어 관련 사회공헌 사업을 하는데요,
전문가분들과 만날 때마다 혼란이 많습니다."

시니어의 가장 큰 문제에 대해
'영양 전문가'는 영양 불균형이 가장 큰 문제라고 하고
'의학 전문가'는 만성 대사질환이라고 하고
'사회보건 전문가'는 우울증 등 사회성이라고 하며
다른 분야 전문가의 관점을 무시하거나 반박한다고 합니다.

시니어의 삶의 질을 개선한다는 하나의 목표에는
여러 관점과 접근이 사실 다 필요할 텐데요.
이를 함께 봐주고 통합적인 이해를 할 수 있는
MYSC 같은 곳이 함께 해야 하지 않을까요?

▷ ▷ ▷ ▷

이러한 사례가 제게 지난 7년간 동일하게 반복되면서
제가 세운 강력한 가설은 다음과 같습니다.

"사회혁신 섹터에 필요한 전문가는 누구일까?"

일은 쪼개고 나누고 분업될 때
가장 최적이라 믿었던 후기 산업사회의,
이제는 폐기된 비인격적 제도주의 기반의 전문가가 아니라,

지금 이 시대의 '전문가'는
누구여야 할까요?

어떤 파트가 아닌, 각 파트들의 흐름을 이해하고
그 파트들의 연합 전체를 다룰 수 있는 사람,
어떤 목적을 달성하는 데, 하나의 관점에만 매몰되지 않고
다양한 관점을 수렴하고 통섭하도록 지휘할 수 있는 사람.

우리 사회에 전문가가 부족해서 문제해결이 안되기보다는
전문가들이 놓치는 것을 연결해줄 '전문가',
전문가들의 연합을 오케스트라처럼 지휘해줄 수 있는
'전문가'가 부족하기에
사회문제 해결은 더욱 요원해지기도 합니다.

이러한 '전문가'는 여러 경험과
축적된 인사이트가 있어야 하며,
통섭과 융합의 리더십 그리고 신뢰와 존경,

2020년

인격적으로 함께하고 싶은 사람이어야 합니다.

이 '전문가'가 MYSC가 여러분들이 되도록 지원하고
후원하고 돕고자 하는 방향입니다.

여러분은 이 '전문가'의 방향에 동의하시나요?
2020년, 여러분과 함께 대화를 나눌 주제입니다.

2020년 2월도 건강하게 보내주셔서 감사합니다.

2020년 2월 20일

물이 빠질 때
비로소

▶ ▶ ▶ ▶

"Only when the tide goes out do you discover

who's been swimming naked"

물이 빠져나갈 때 비로소

누가 수영복 없이 수영했는지를 알게 된다.

워런 버핏

우리가 기대하지 않았던, 알지 못했던

또는 알려지지 않았던 것은 언제 드러날까요?

썰물과 밀물이 시차를 두고 발생하듯

저는 결국 시간이 그것을 알려준다고 생각합니다.

충분히 시간을 함께 보낼 때

그 시간은 우리에게 그 전에는 보이지 않았던

무엇인가를 드러냅니다.

2020년

109

관련해서 '방 안의 코끼리(elephant in the room)'
라는 비유가 있습니다.

방 안에 코끼리가 있다면 이를 모를 리가 없는데
모두가 '잘못됐다, 옳지 않다'라는 것을 알면서도
이를 인정하고 말을 꺼내지 못해 결국
코끼리는 소중한 방을 망가뜨리게 됩니다.

우리 각자가 상대에게 말해야 할 것을
진실되게 꺼내지 못하고 적당한 거리를 둘 때
개인 사이의 '코끼리'가 자라기 시작합니다.

마음을 다해 합의하지 않지만
겉으로 시늉을 하고 흐름에 따라 살아갈 때
우리가 함께하는 조직 공간 안에 '코끼리'가
등장합니다.

처음에는 작았던 코끼리들이
어느새 우리 각자의 마음에, 서로의 사이에,
랩과 랩 사이에, 조직의 공간에 활동하고 있다면
우리의 선택은 무엇이어야 할까요?

▶ ▶ ▶ ▶

시간이 흘렀고, 흐르고 있고
물이 잠시 빠져나가는 사이
코끼리들이 보이기 시작합니다.

코끼리가 우리의 소중한 공간을
해치지 않도록 하려면
진실되게 이를 인정하고
서로 투명하게 대화해야 합니다.

여러분의 '방 안의 코끼리'는 무엇입니까?
좋은 뿌리가 좋은 나무를 키우고
좋은 열매를 맺어야 할 때
우리가 발견하게 된 '코끼리'는 무엇인가요?

올해 충분히, 차분히, 착실히
서로 이야기해야 할 것을
이야기해야 할 때입니다.

2020년 3월 20일

옷걸이가
행복한 이유

▶ ▶ ▶ ▶

오늘은 정채봉 작가의 「옷걸이」를 먼저 소개합니다.

세탁소에 먼저 있던 헌 옷걸이가
갓 들어온 새 옷걸이이게
당부의 말을 합니다.

"앞으로 아무리 좋은 옷을
걸치게 되더라도
너는 그저 '옷걸이'일 뿐이니
이 사실을 항상 기억"하라고 말이죠.

이를 의아해하는 새 옷걸이에게
헌 옷걸이는 또 이렇게 말하죠.

"나는 잠깐씩 입혀지는 옷이 자기의 신분인 양
교만해지는 옷걸이들을

그동안 많이 보았기 때문이야."

▶ ▶ ▶ ▶

옷의 맵시를 살리고 옷이 주인에게 깨끗하게
전달되도록 돕는 것이 옷걸이의 역할임을
알게 될 때

잠시 잠깐 바뀌는, 입혀지는 옷에
일희일비하지 않고 옷걸이는 오늘도
자신이 행복한 수많은 이유를 발견합니다.

옷걸이가 자신에게 입혀지는 옷을
자신의 것이자 자신이라고 오해하는 순간
옷걸이는 오늘도 자신이 불행한 수많은 이유를 발견합니다.

옷이 마음에 들지 않을 때도 있고
옷이 맞지 않을 때도 있지만,

옷걸이가 자신은 옷이 아닌 옷걸이임을
잊지 않기만 한다면,

옷걸이는 세탁소에서 자신의 존재 의미와

2020년

목적에 다시금 집중하며 또 다른 하루를
시작합니다.

세탁소에서는,
옷걸이가 소중합니다.

감사합니다.

2020년 4월 20일

운과 실력을
구분하는 것의 유익

▶ ▶ ▶ ▶ ▶

어떤 의미에서의 정의이든
'성공'은 운일까요? 실력일까요?

여기서 "운이란 개인이나 집단(예컨대 스포츠팀, 기업)에
영향을 미치는 우연한 사건"을 의미합니다.

흥미로운 질문에 대해 마이클 모부신의
명저 『운과 실력의 성공 방정식』*은

---

* 원제가 『The Success Equation』인 이 책의 저자 마이클 모부신(Michael
   Mauboussin)은 투자 업계에 저명한 사상가입니다. 출중한 실력이 있더라도
   만약 테니스 경기에서 강한 바람이 갑자기 불어 공의 방향이 바뀌어서 실
   점을 하게 된다면 어떻게 될까요? 이처럼 저자는 우리가 속한 산업의 본질
   이 운의 영역이 강한지, 실력의 영역이 강한지 먼저 살펴봐야 한다고 조언
   합니다. 그의 관점에서 투자는 실력보다는 대외적 환경의 변수를 포함한
   '운'이 영향을 강하게 끼치는 분야이고, 따라서 투자를 잘하기 위해서는 투
   자를 잘하겠다는 실력 중심의 준비 외에도 더 추가적인 준비와 전략이 필

2020년

질문의 재정의에서 출발하라고 조언합니다.

즉, 개인이나 조직이 추구하는 목표가
운이 영향력을 끼치는 영역인지
실력이 주 영향력을 끼치는 영역인지
먼저 구분할 필요가 있다는 뜻입니다.

그런 면에서 개인 차원에서는
한 사람의 성장,
사회혁신 영역에서는
MYSC라는 조직의 성장은
무엇이 주 영향력을 끼치는 영역일까요?

실력이 주된 영향을 끼치는 영역은
"꾸준한 연습을 통해 실력을 쌓아야" 하고
"코치가 적시에 정확한 피드백을 제공해
잘못을 바로잡아 주어야 한다"고 합니다.

요하다는 주옥 같은 전략을 선사합니다. 이 책은 MYSC 사내에서도 매우
중요하게 읽고 토의하는 책이며, MYSC 임팩트투자 세계관의 가장 기본이
되는 책이기도 합니다. 또한, 꼭 투자가 아니더라도 자신의 전문성과 전문
분야를 함양하길 원하는 모든 사회 초년생은 꼭 한번 읽어야 힐 필요가 있
는 자기개발서로도 충분합니다.

운이 주된 영향을 끼치는 영역은
실력 자체보다는 "노력이 바로 실력"이고
실력 외에 가설을 세우고 결과를
확인해 가는 충분한 횟수의 "의사결정 과정"이
'성공'과 관련되어 있다고 합니다.

▸ ▸ ▸ ▸

운과 실력을 구분할 때 어떤 유익이 있을까요?

나의 실력이 아닌 운이나
"조직 환경의 영향 덕분에 이룬
스타의 성적을 개인의 실력으로 오인"해서
모든 결과가 자신의 실력 수준으로 회귀하는
'평균으로의 회귀'를 사전에 예방하고,

실력을 키우기 위해서
"장기간 반복적으로 몰입해 정체기를 극복하고
전문가 수준에 이르는 사람은 드물"어
"대부분은 적당한 선에서 만족하고 안주"하는 가운데
나를 자극하고 영감을 줄 주변의 환경과 동료의 피드백이
중요함을 깨달을 수 있기 때문입니다.

2020년

우리가 몸담은 영역과

우리가 지향하는 방향,

그리고 우리가 수행하는 업의 본질에는

실력과 운의 요소가 함께 섞여 있습니다.

실력(자신이 스스로 통제할 수 있는 것)과

운(자신이 스스로 통제할 수 없는 것)을 이해하며

오늘도 성장과 성숙의 길에 서 있는

사내기업가 모든 분들을 응원합니다.

2020년 5월 20일

대흉년과
대풍년

▶ ▶ ▶ ▶

MYSC의 **희년**(merry year)[*]에는
'회복'이라는 가치가 자리 잡고 있습니다.

UN의 '더 나은 방향으로의 회복'
(Building Back Better)이란 개념과도 연결됩니다.

코로나19로 그 전에 당연하게 누렸던

---

*   희년은 성경에 나오는 개념으로 '7년에 한번 오는 안식년이 모두 일곱 번
지나고 찾아오는 50번째 해'를 의미합니다. 이때 사회경제적으로 있었던
모든 계약이나 구속들이 원점으로 회복되게 되는데, 노예는 자유가 주어지
고, 빈곤 때문에 조상의 토지를 팔았던 가족들에게는 원래 토지를 다시 되
돌려주고 땅의 경작도 쉬었다고 합니다. MYSC의 영어 이름은 merry year
social company인데, merry year가 바로 희년(jubilee)를 의미하는 현대식 영
어입니다. MYSC는 종교기업은 아니지만, 공동창업자 및 설립 시기에 관
련된 분들의 영향을 통해 건강하고 의식있는 개념들의 전수가 이루어졌습
니다. MYSC에게 희년이란, 인간다움의 회복, 인간이 누리고 누려야 할 권
한과 기회의 회복을 의미합니다.

2020년

삶의 전제들과 조건들이 뒤흔들리면서

기존의 취약계층은 더욱 취약해지고
중산층은 흔들리기 시작하고
강자는 더욱 강해지는
사회경제적 '부익부 빈익빈'도 발생했습니다.

이러한 때에 MYSC는 '희년'의 정신을
어떻게 구현할 수 있을까요?

MYSC의 초창기,
많이 힘들었던 시기 때부터 간직했던 이야기가 있습니다.
많이 힘들었기에 더욱 간절하게 받아들였던
그것은 바로 '7년 대흉년, 7년 대풍년' 이야기입니다.

〈이집트왕자2: 요셉 이야기〉라는 유명한
애니메이션에서도 나오는 이야기인데요,
앞으로 올 7년간의 대흉년을 준비하기 위해
특별하게 주어지는 7년간의 대풍년의 드라마틱한
이야기가 클라이막스입니다.

설립 초창기부터 몇 년간 MYSC는 스스로
대흉년을 겪으며 기업의 바닥은 무엇인지

어려움을 겪는 기업가와 구성원의 막막함이
무엇인지 직접 경험했던 적이 있습니다.

최근 몇 년간 MYSC에게는 특별한 은혜가 있어
우리의 '곳간'에는 인적, 재무적, 문화적 풍요 그리고
브랜드와 평판까지 대풍년의 시간을 경험하고 있습니다.

대흉년을 먼저 경험하며 공감할 수 있었고
대풍년을 통해 먼저 곳간을 크게 채운 것은
지금 우리에게 어떤 의미일까요?

▸ ▸ ▸ ▸

우리의 곳간을 활짝 열어 주는 것은
현재 대흉년의 시기를 겪고 있는
우리의 파트너들과 소셜벤처들을
돕기 위함입니다.

이때를 위한 것입니다.

우리가 먼저 준비되어 조금이라도 더
확보한 자원들은 이 어려운 시기를 겪는
누군가에게 투자하고, 나누고, 전달하는 것

2020년

외에 어떤 쓸모가 있을까요?

대흉년의 시대, 앞으로 짧지 않게 계속될
그 어려움의 시기에 MYSC가 '희년'의 정신을 간직하며,
우리의 곳간을 열어
'더 나은 방향으로의 회복'을 시작하는 이 일에
함께 주인공으로 참여하고 계신
여러분들을 진심으로 축복합니다.

감사합니다.

2020년 6월 19일

'중간국 함정'을
피하려면

▶ ▶ ▶ ▶

1945년 이후 독립한 국가 중
1인당 국민소득 14,000불 장벽을 돌파한
나라는 한국과 타이완 두 나라뿐이라고 합니다.

일정하게 성장하다가 정체되는 현상을
'중간국 함정'이라고 하는데요
『돈의 역사』 저자 홍춘욱 박사는 많은 나라가
'성장의 방식'이 변화되는데 이에 적응하지
못하고 과거에 머물러 있기 때문이라고 분석합니다.

이를 탈피하기 위해 저자는 '학습커브'(learning curve)가
필요하다고 주문합니다. 익숙함과 편함을 의지적으로
벗어나 새로운 영역으로 나아가기 위한 학습커브는
어떻게 만들 수 있을까요?

2020년

『늦깍이 천재들의 비밀: 전문화된 세상에서
늦깍이 제너럴리스트가 성공하는 이유』의 저자
데이브드 앱스타인은 학습이 이루어지는 환경부터
명확하게 이해해야 한다고 설명합니다.

매번 정해진 규칙과 동일한 패턴을 열심히
지속하면 되는 '착한 환경(kind)'과 달리
'사악한 환경(wicked)'은 게임의 규칙이 매번 달라지고
불분명해서 '끝이 열려 있는 게임'을 의미합니다.

"우리의 가장 큰 강점은 협소한 전문화가 아니라
그 반대편에 놓여 있다.
바로 폭넓게 종합하는 능력이다."

인간과 AI의 서로 다른 강점 역할을 설명하며 저자는
인간은 '사악한 환경'에서
학습하고 성장하는 것이 맞다고 설명합니다.

이를 위해서는 기존의 해결책과 패턴을 '회피'하거나
'탈학습'하며, 매번 새로운 게임에 게임 규칙의 가설을
세우고 이를 적응하(adaptive)면서 나아가야 된다고 말합니다.

AI가 바둑이나 체스와 같은 '착한 환경'에서는 승리했지만,

스타크래프트와 같은 '사악한 환경'에서는 왜 아직 인간의
최고수를 이기지 못했는지는 곱씹어 볼만합니다.

▶ ▶ ▶ ▶

MYSC가 몸을 담고 있는 사회혁신의 현장도
'사악한 환경'입니다.

이에 대한 학습커브도
전통적인 접근으로서
정해진 규칙의 단순 적용,
동일한 패턴과 협소한 분야의 전문성을
고수하는 것으로는 효과가 없습니다.

대부분의 스타트업은 앞서
14,000불의 장벽을 넘지 못한 대부분의 국가들처럼
성장이 정체되는
수많은 이유를 경험합니다.

성장의 방식을 매번 갱신하는 '학습커브'가 느려질 때,
그리고 '사악한 환경'이 아닌
'착한 환경'이라는 오판으로

과거의 패턴과 관행, 전례만이 중시될 때
개인의 성장이 멈추고
조직의 성장도 함께 멈춥니다.

하반기, 새로운 랩 개편과 새로운 시도 앞에서
우리의 학습커브를 생각하며
우리가 몸을 담고 있는
'사악한 환경'을 함께 생각해 보면 어떨까요?

2020년 7월 20일

파도가 있을 때와
없을 때의 자세

▶ ▶ ▶ ▶

인생 처음으로 서핑을 해봤습니다
아내와 12살 아들, 220일 되는 둘째 아들과
제주도 월정리 해수욕장에 갔습니다

파도가 크지 않았던 하루였기에
저 같은 초보가 서핑 기초 입문을 하기에는
딱 좋은 날이었습니다.

처음에는 작든 크든 파도가 올 때마다
성급히 보드에 올라 타 균형을 잡으려 했습니다.

서핑 강사는 서핑에서 파도는
모두가 동일한 파도가 아니라고 했습니다.

좋은 서핑을 하려면
좋은 파도를 기다릴 수 있어야 하고

2020년

좋은 파도를 구분할 수 있어야 하며

다른 사람의 서핑 타이밍에 흔들리지 않고
자신의 파도에 집중해야 한다고 했습니다.

그러다 보니 서핑을 하며
계속 생각나는 구절이 있었습니다.

'파도가 칠 때는 서핑을'

서핑이 중심인 것 같은 이 문장의
핵심은 사실 '파도가 칠 때는'에
있지 않을까 생각해 봅니다.

파도가 칠 때가 있고
파도가 없을 때도 있습니다.
그런 때를 구분하고 기다려야
파도가 없을 때도 낙담하지 않을 수 있습니다.

파도가 있을 때에도
어떤 파도는 그냥 지나쳐야 할 때가 있습니다.
그래야 진짜 파도가 올 때
준비할 수 있습니다.

그리고 파도가 드디어 올 때

파도가 있는 동안에는

파도가 충분히 몰아치는 그 때에는

'파도가 칠 때는 서핑을'[*] 경험하게 됩니다.

▶ ▶ ▶ ▶

파도와 서핑,

좋은 파도를 기다리고 구분할 수 있고

좋은 서핑의 기술을 훈련하고 준비한다면,

또한, 그러한 서핑을 함께 하는 멋진 동료들이

가득하다면

'파도가 칠 때는 서핑'이 우리에게

---

*   파타고니아 창업자 이본 쉬나드(Yvon Chouinard)가 쓴 『파도가 칠 때는 서 핑을』(원제: Let my people go surfing)의 제목이기도 합니다. MYSC의 예비 사내기업가학교에서 필수적으로 읽는 이 책은 저 개인적으로도, 그리고 MYSC에게도 심오한 영향을 끼쳤는데요, 원래 기업가가 되길 싫어했던, 그리고 매출이 커질 때마다 비례적으로 환경에 끼치는 영향으로 인해 지 극히 슬퍼하며 죽고 싶은 심정이라는 이본 쉬나드가 선보이는 기업가정신 을 통해 저 역시 기업이라는 방식을 포기하지 않는 기업가(entrepreneur)의 길에 매진하는 힘을 얻었습니다.

2020년

계속 될 수 있고 더욱 흥미로워지며
우리 역시 그만큼 더욱 지혜롭게
성숙할 수 있다고 믿습니다.

뜨거운 8월도 수고하셨습니다.
파도가 칠 때는 서핑을!

2020년 8월 20일

소우주에
빛나는 별들

▶ ▶ ▶ ▶

어린 시절 멋도 모르고 뽑았던,
'한국에 태어나 감사한 이유 3가지' 중
하나가 '삼국지와 같은 소설을
마음껏 읽을 수 있다'였습니다.

그렇게 『삼국지』, 『초한지』, 『수호지』 등은
제 청소년 시절에 상상력을 자극하고
권선징악의 꿈을 꾸게 도왔습니다.

특히 『수호지』에 나오는 108명의
영웅들은 제겐 롤모델이었습니다.

밤하늘 108개의 별과 매칭된,
천강성, 천용성, 천괴성, 천뢰성,
지혜성, 지령성, 지마성, 지벽성 등

2020년

빛나는 별들의 무용담이 저를 사로잡았죠.

갑자기 『수호지』가 생각나
어제 책을 펴서 108개의
별 이름을 오랜만에 확인해 본 것은
사내기업가들의 180도 리뷰 때문이었습니다.

각자의 세계와
각자 자신의 내면을 통해
드러나는 여러분들의 모습이
모두 다 유일하고 고유한
별과 같이 아름답다고 느꼈기 때문입니다.

자신이 별이었음을 알게 된 108명의 호걸들에게
하늘은 "하늘을 대신해 도를 행하라"는
메시지를 전달해 줍니다.

우리 역시 각자의 몫과 기여로
하늘을 대신해 사회혁신에 매진하고 있습니다.

▶ ▶ ▶ ▶

MYSC의 모든 사내기업가분들께 제가 좋아하는

노래 가사도 전달드립니다.
한번 직접 들어보세요.

9월도 수고많으셨습니다.

한 사람에 하나의 역사
한 사람에 하나의 별
70억 개의 빛으로 빛나는
70억 가지의 world
(중략)
우리 그 자체로 빛나

BTS 〈소우주(Mikrokosmos)〉 중에서

2020년 9월 18일

어떻게 해야
현혹되지 않을까?

▶ ▶ ▶ ▶

요즘 생각하는 많은 키워드 중 하나는
'현혹'이라는 단어입니다.

"어떻게 하면 현혹되지 않을 수 있을까?"라는 관점을
제 삶과 업에서 즐겁게 적용해 보고 있습니다.

웹에서 한 그림을 보게 되었습니다.

1980년대까지만 해도 자동차 앞 유리에는
늘 온갖 벌레들이 부딪힌 흔적들이 있었습니다.
그러다가 2000년대 들어오면서 자동차 앞유리는
무척 맑고 깨끗해졌다고 합니다.

이때 "세상이 참 좋아졌네. 운전하기 좋은 시절이야"라고
생각한다면 이는 현혹된 거라 볼 수 있습니다.

오히려 세상은 반대가 되었죠.
생태계가 파괴되고 수많은 벌레들이 없어진 삶,
그 삶에서 잠시 깨끗해진 앞유리를 보는 것은
현혹된 광경이 됩니다.

투자 검토를 할 때도 적용해 볼 수 있습니다.
재무제표가 크게 의미가 없는 초기 기업에게
재무제표를 요청해 처음부터 보는 순간
투자를 안 할 이유에 '현혹'되는 거죠.

남녀의 만남을 생각해 볼까요?
첫 만남에서 서로의 통장을 열어 놓고 잔고가
얼마가 있는지를 확인한다면

그 만남은 지속될 수 있으며,
그 만남에서 사랑과 헌신이란
의미를 끝내 찾을 수 있을까요?

재무제표를 보지 않고도 투자하고자 하는 팀의
잠재력과 미래를 보기 위해서는
우리를 '현혹'하는 것이 무엇인지
먼저 이해해야 합니다.

2020년

▶ ▶ ▶ ▶

여러분이 직면한 현혹은 무엇인가요?
여러분이 현혹되지 않도록 노력할 영역은
무엇일까요?

내게 익숙하고 당연하게 여겨졌던 것들을
'새로고침'하고 나를 현혹했던 것들이
무엇일지 생각해 보는 지혜를
우리 모두 누리는 가을 되길 기도합니다.

2020년 10월 20일

미친듯이
호기심을 가져라

▶ ▶ ▶ ▶ ▶

'기획은 연결이다'라는 말이 있습니다.

수 개월 전, 너무나 재미있게 읽은
말콤 글래드웰의 『다윗과 골리앗』이란 책이 있습니다.

꽤 오래전에 나온 책이고 제목이 식상해서
읽을 생각이 없었지만 동일 저자의
『타인의 해석』이란 책을 읽고 SNS에 후기를 올리니
누군가 댓글로 『다윗과 골리앗』도 극찬을 했습니다.

그렇게 읽게 되어 책의 핵심 개념 중 하나인
'작은 연못 큰 물고기'와 '큰 연못 작은 물고기' 이론[*]을

---

* 세계적인 경영사상가 말콤 글래드웰의 저서 『다윗과 골리앗: 강자를 이기
 는 약자의 기술』에 나오는 개념입니다. 책에 따르면 처음부터 너무 큰 도전
 적인 상황(큰 연못)에 직면하는 경우 장기적으로 위축되어 성과가 저조할

2020년

알게 되었습니다.

제가 선택하고 행동하는 기준과 일치해서인지
그 프레임과 생생한 이미지가 너무 좋았습니다.

한 매거진에서 인터뷰를 하며
'왜 지방에 투자하는가?'란 질문을 받고
문득 이 개념이 생각나서 비유해서 말하니
반응이 무척 좋았습니다.

'아, 이 개념이 가지는 함의가 무척 좋구나!'

그 후에 고등교육의 취·창업 생태계를
토론하는 자리에서 다시 이 개념을 언급하며
반응을 살폈습니다. 역시 반응이 좋았습니다.

일종의 '개념 검증(proof of concept)'이
진행된 거죠.

그리고 **H-온드림***의 신규 개념설계를 하면서

확률이 높은 반면(작은 물고기), 처음부터 적절한 도전적인 상황(작은 연
못)에서 적용을 하면 그에 맞추어 성장(큰 물고기)할 확률이 높다는 이론
입니다.
*   현대차 정몽구 재단이 주최하고 MYSC가 주관하는 사회혁신 스타트업 육

다시금 이 개념이 떠올랐고 융합을 통해
'큰 연못 큰 물고기' 프레임이 도출됐습니다.

제게는 작은 유레카의 순간이었습니다.
사실 그 순간은 SNS에서 본 댓글을
우연하게 마주치며 이어진 연결을 통해
만들어진 과정이기도 했습니다.

▶ ▶ ▶ ▶

MYSC에도 직접 방문해 주셨던
세계적인 **적정기술*** 대가 **폴 폴락**** 이

성 분야에서 가장 오래되고 가장 권위가 있는 프로그램입니다. 2012년 시작된 H-온드림 프로그램은 2023년까지 334개의 스타트업을 육성했습니다. 육성된 기업 중 대중적으로 가장 많이 알려진 기업에는 '마이리얼트립'이 있습니다.

* 적정기술(appropriate technology)은 기술의 진보가 아닌 인간을 중심에 놓는 기술 접근입니다. 첨단기술 자체가 아니라 실제 생활하는 사용자의 환경과 맥락, 그리고 역량에 적합한 기술이 최고의 기술이라는 것으로, 이 철학이자 세계관은 사상적으로는 경제학자 E.F 슈마허가 말한 '작은 것이 아름답다(small is beautiful)'와 관련되어 있습니다. 대표적인 적정기술로는 큐드럼(Q-drum)이라 불리는 중앙에 원형 공간이 있는 둥그런 물통이 있습니다. 평지에서 먹을 물을 운반해야 하는 현지 주민들이 더 적은 노동력으로 더 많은 물을 운반하도록 돕는 적정기술입니다. 저는 이러한 적정기술이 가진 '인간중심' 매력에 빠져들어 여러 연구자들과 함께 관련 연구

제게 해주셨던 인생 조언이 있습니다.

"insanely curios!" (미친듯 호기심을 가져라!)

우리 삶의 주변에, 우리 삶의 상호작용 속엔
너무나 소중한 기획의 실마리들이 존재합니다.
다른 곳에서의 우연한 관찰과 경험을 옮겨 오면
어떤 곳에서는 간절히 기다려온 돌파구가 됩니다.

11월, 연중 가장 바쁜 MYSC의 시간 속에서
여러분들 속에 차곡차곡 쌓여가는 그것들이
언젠가 연결되며 또 다른 이야기가 시작됩니다.

2020년 11월 20일

를 진행했고 그 결과물로 『적정기술이란 무엇인가』(살림지식총서/공동저자), 『인간중심의 기술 적정기술과의 만남』(공동저자) 등을 출판했고 내용 중 일부는 고등학교 교과서에 발췌되어 실리기도 했습니다.

** 적정기술 대가이자 세계적인 빈곤 퇴치 사업가인 폴 폴락(Paul Polak)은 한국어로도 번역된 『적정기술 그리고 하루 1달러 생활에서 벗어나는 법』(원제: Out of Poverty)의 저자입니다. 개인적인 관계를 통해 이 분의 또다른 책 『소외된 90%를 위한 비즈니스』(원제: Business Solution to Poverty)의 한국어판 공동저자로 함께 참여하기도 했습니다. 지금은 작고하셨지만, 한국에서 마지막으로 만났을 때 나에게 주셨던 조언이 지금도 큰 영향을 끼치고 있습니다. "저에게 단 하나의 조언을 주신다면 어떤 것일까요?"라는 제 질문에 폴 폴락은 "미치도록 흥미롭게 살아라"(Insanely curios)라고 조언해 주었습니다.

우리 각자의
대차대조표

▶ ▶ ▶ ▶

2020년 마무리 시기입니다.

대차대조표를 보면
부채(debt)와 자산(asset)이란 개념이 있습니다.
부채는 언젠가는 상환해야 할 '빚(채무)'이고
자산은 언젠가는 활용할 수 있는 '빛(신용)'입니다.

매번 우리 각자의 어떤 선택과 결정이든
우리 개인의 재무제표, 그리고 조직의 재무제표에
차곡차곡 정확하게 '빚' 또는 '빛'으로 적립됩니다.

빚이 많으면 그 빚은 이자가 붙어
언젠가는 상환하고 돌려줘야 하거나
누군가에게 신용을 받는 것이 더욱 어려워집니다.

빛이 많으면 그 빛은 자본으로 전환되어

어떤 일에 도전할 때마다 신용이 되고
보다 수월하게 주변의 도움을 받을 수 있습니다.

고객에게도 이런 대차대조표가 존재합니다.
고객에게 전달한 favor와 extra-mile은
자산으로 잡혀 또 다른 여정을 시작하게 됩니다.

동료들에게도 마찬가지입니다.
팀에서 힘들어 하는 누군가를 위로하고
역할을 도와주던 손길은 자산으로 잡히며
함께 일하고 싶은 동료로서의 신용을 누리게 됩니다.

▶ ▶ ▶ ▶

사내기업가(intrapreneur)의 대차대조표는
어떤 모습이어야 할까 생각해 봅니다.

우리 각자가 받아 든 올해의 대차대조표는
다들 어떤 모습일까요?

2020년 받아드는 우리 각자, 그리고 조직의
대차대조표를 겸허하게 살펴보며

2021년 빚은 줄이고, 빛은 키우는
새로운 한 해가 되기를 소망합니다.

Merry Year & Merry Christmas!

2020년 12월 18일

2020년,
어떤 열매를 맺었을까?

▶ ▶ ▶ ▶ ▶

코로나19의 대외적 변수 외에도 빠른 성장에 따른 대가와 조직 문화 성장통을 통해 MYSC는 매출 36억 원, 순이익 8.9억 원으로 설립 이래 처음으로 매출 성장률이 정체되었고, 전년도 대비 순이익 역시 감소하는 첫해가 되었다.

거시경제적으로 벤처투자 시장은 2020년과 2021년 사이 역대 최대의 유동성을 누렸고 MYSC 역시 이에 힘입어 처음으로 모태펀드 출자를 받은 개인투자조합과 경상남도 소재 청년기업에 투자하는 청년임팩트투자펀드 등 총 42억 원 규모의 신규 펀드를 결성했다.

루트에너지(기후금융 파이낸싱 플랫폼), 닥터노아(대나무 칫솔), 엔젤스윙(디지털트윈 드론 솔루션), 트래쉬버스터즈(다회용기 솔루션), 메디팔(병원 내원환자 관리 솔루션) 등 총 21건의 투자가 이루어졌다. 이중 트래쉬버스터즈는 국내 최초로 다회용기 서비스를 삼성전자 등에 제공하며 현재 멀티플(투자수익배수) 27개 이상을 기록하고 있다.

▶ ▶ ▶ ▶ ▶

MYSC의 스타트업 액셀러레이팅 프로그램이 다양한 테마로 확장되기 시작한 원년이었다. 그동안 소셜벤처, 사회적기업 등에 특화되었던 프로그램들이 일반 스타트업 영역으로 확대되어도 될 만큼 경쟁력을 갖추어 해양수산, 관광, 스포츠, ICT 등 다양한 분야의 스타트업 육성을 시작했다.

2021년은
어떤
해였을까 **?**

특히 사회혁신 스타트업 최대 규모의 육성 프로그램 'H-온드림 스타트업 그라운드'와 국내 최초 집합적 임팩트 기반의 육성 프로그램인 신한금융그룹-신한금융희망재단과 '신한 스퀘어브릿지 제주' 등 대형 사업 운영을 통해 처음으로 한 해에 100개 이상의 스타트업을 직접 육성하기 시작했다.

티끌에서 태산을 보듯,
작은 일에서도 큰 일이
가능합니다

▶ ▶ ▶ ▶ ▶

"뭔가를 이루고자 할 때 그것이 '큰일이든 작은 일이든
똑같이 어렵거나 똑같이 쉽다'는 교훈 말이다.

그러니 큰일이나 작은 일 모두 시간과 노력을
잡아먹는 것은 마찬가지이므로

목표를 추구하는 노력의 값어치에 걸맞게
충분히 커다란 포부를 품어야 한다."

스티븐 슈워츠먼, 『투자의 모험』

▶ ▶ ▶ ▶

요즘 읽는 재미난 책에 『투자의 모험』이 있습니다.

당신은 어떤 월급을 받고 있나요

한국어 제목보다는 원제목

『What It Takes: Lessons in the Pursuit of Excellence』가 더욱

멋진데요, 세계 최대 사모펀드 블랙스톤 CEO인 저자가

나누는 25가지의 탁월성에 대한 원칙입니다.

위에 인용된 부분은 그중 첫 번째 원칙인데요,

큰 일이든 작은 일이든 마찬가지로

커다란 포부를 가지고 탁월성을 만들어가는 것을

첫 번째 원칙으로 한 이유가 무척 와닿았습니다.

서른 살, 유엔에서 가까스로 일자리를 얻고 맡은 업무에는

컨퍼런스 매니지먼트(conference management)가 있었습니다.

국제기구에는 온갖 행사가 많으니 아예 유엔사무국에는

컨퍼런스 매니지먼트를 담당하는 부처가 존재하기도 합니다.

하지만 컨퍼런스를 준비하고 진행하는 일은

통상 낮은 업무, 부가가치가 없는 일이라 여겨졌고

많이 기피하는 영역이기도 했습니다.

첫 입사해서 제가 할 수 있는 업무로

국제회의 준비와 운영이 주어졌습니다.

초대장을 작성하고, 답신을 보내며,

2021년

공항에서 숙소까지 동선을 안내하고,
국제회의 당일에는 등록 데스크를 맡아
명찰과 회의자료를 제공하고,
식사장소 안내, 일상의 요청 등과 음향 및 온도 체크
행사 후 투어까지, 역할도 다양했습니다.

큰 일이기도 작은 일이기도 한 이런 업무에서
'큰 포부'를 발견했습니다.

'해외에서 처음 방문하는 이 분들이
처음 만날 나를 통해 우리 조직에 대한
첫 번째 인상과 경험이 만들어지겠구나.'

외부적으로는 부수적인 업무의 실무 책임자였지만
스스로 '첫 인상과 경험의 최고책임자'가 되었습니다.

멀리서 입장하는 분들을 보면 외웠던 이름과 함께
자신감 있게 인사를 드립니다.

명찰과 회의자료 등 각종 위치의 동선을 사전에 바꿔서
입장 동선의 막힘과 분주함을 개선합니다.

쉬는 시간이면 찾아가 "혹시 불편하시거나
필요하신 게 있으실까요?"라고 묻습니다.

국제회의 성공이라는 큰 그림에
저는 그날 등록대 운영과 참가자분들의 편의 확대를 통해
함께 기여했습니다.
그것을 본 사람들은 제게 다시
또다른 '최고책임자' 기회들을 부탁했습니다.

간절히 바랬던 기회들은 그렇게 저를
찾아오기 시작했습니다.
누구나 '최고책임자'의 마인드를 가진 사람과
일하고 싶어함을 깨달았습니다.

내게 맡겨진 범위가 큰 일이든 작은 일이든
그 범위 내에서 우리는 '최고 책임자'가 됩니다.
그 범위 내에서 우리는 '탁월성'을 쌓고,
쌓인 탁월성은 티끌처럼 모아져 태산이 됩니다.

여러분의 작은 일은 무엇이며,
그 작은 일에서 만들어가는 '큰 포부'는 무엇인가요?
작은 일에서 최고 책임자가 될 수 있다면
큰 일에서도 최고 책임자가 될 수 있으니까요.

▶ ▶ ▶ ▶

2021년

2021년 새해 첫 번째 달입니다.
올해도 준비된 모험의 여정 가운데
함께하실 여러분들을 환영합니다.

에이블

모든 이들의 눈을
똑바로 바라보면서

▶ ▶ ▶ ▶ ▶

"예를 들어, 멕시코의 한 여성에게

'저는 콤파타모 방코(마이크로파이낸스 기업)의 신규 주식 상장으

로 250배의 돈을 벌었고, 이로 인해 당신은 닭 10마리를 살 수 있게 되

어 기쁩니다.'

혹은

'바니스 백화점에서 방금 1,200달러에 팔린 손뜨개

스웨터로 당신이 6달러를 벌 수 있어서 기쁩니다.

그 백화점은 70퍼센트의 수익을 누릴 자격이 있죠.'

라고 이야기하는 것을 상상할 수 없을 것이다."

"임팩트 투자자라면, 모든 이들의 눈을 똑바로 바라보면서, 타당

하고 자랑스러운 답변을 줄 수 있어야 한다."

모건 사이먼, 『우리가 세상을 바꿀 수 있다면: 지속가능한
사회를 위한 정의로운 선택, 임팩트투자』

▶ ▶ ▶ ▶

2021년

사회혁신, 디자인씽킹, 소셜임팩트, 오픈이노베이션,
ESG, 임팩트투자 등

과거에 핫했든, 지금 뜨고 있든 상관없이
우리가 가져야 하는 태도는
'모든 이들(이해관계자)의 눈을 똑바로 바라보면서'
우리가 이 일을 하는 이야기를 할 수 있어야 합니다.

누군가의 눈을 똑바로 바라보기 위해서는
먼저 우리 각자가 온전한 개인이자 인간으로서
내 스스로의 눈(내면)을 똑바로 바라보면서
나는 왜 이 일을 하고자 하는지
정답이 없는 고민을 끊임없이 이어가야 합니다.

내 스스로가 그 고민과 성찰을 중단할 때
우리는 우리의 동료와 고객을
똑바로 바라보지 못하고
우리가 하고자 하는 미션도 똑바로
바라보지 못하게 됩니다.

리얼임팩트, 우리로부터 시작됩니다.

2021년 2월 19일

우리는
즉흥 재즈 연주자

▶ ▶ ▶ ▶

교향악단을 조직하지도, 악보를 주지도 말라.

재즈 연주에 어울리는 무대를 만들고

즉흥 연주에 능한 직원들을 고용하라.

그런 조건들이 하나로 모일 때,

무대에서는 멋진 음악이 흘러나올 것이다.

리드 헤이스팅스, 에린 메이어, 『규칙 없음:
넷플릭스, 지구상 가장 빠르고 유연한 기업의 비밀』

▶ ▶ ▶ ▶

MYSC가 속한 '혁신' 산업은 음악 장르로 보면

클래식 분야가 아닌, 재즈 분야입니다.

고정된 악기를 고정된 연주자가 모여

연주자의 스타일에 따라 맞춰가는 교향악단이 아닌,

매번 달라지는 참여자와 그날의 맥락과 에너지,
그리고 상호작용에 따라 음악 자체가 새롭게 탄생되는
재즈 음악이 우리 업의 본질에 가깝습니다.

오래전 읽었던 『Social Intrapreneurship and all that jazz』는
성공적인 사내기업가는
"재즈를 연주하는 것을 학습"하는 것과 유사하다며
사내기업가와 재즈를 동일하게 비교합니다.

내가 서도 될까 고민해야 할 무대는
따로 존재하지 않습니다.
사내기업가는 누군가의 지시나 필요에 앞서 먼저
자신이 머물고 자신이 이동하는 곳을 무대로 만듭니다.
매번 연주가 시작될 때 악보에 시선을 고정하지 않고,
옆 동료들, 그리고 파트너들과 시선을 주고받으며
즉흥연주를 시작하며, 무엇을 연주하고 어떤 역할로
함께 할지를 맞추어 갑니다.

그렇게 만들어지는 멋진 음악은
매번 새로운 장르, 새로운 오리지널이 되고
그렇게 재즈 산업이 발전하듯

MYSC 역시 성장합니다.

오늘 사내기업가 여러분들의 무대는 어디이며,
여러분은 어떤 재즈를 시도하고 있나요?

2021년 봄이 왔습니다.
봄을 알리는 재즈도
시작되었습니다.

2021년 3월 19일

업이든
다운이든

▶ ▶ ▶ ▶ ▶

"전멸하는 일 없이, 포기하는 일 없이,

오랫동안 살아남는 능력이 가장 큰 차이를 만들어낸다.

투자든, 커리어든, 사업이든 상관없이 생존이

여러분의 전략에서 기본 중의 기본이 되어야 한다."

모건 하우절, 『돈의 심리학: 당신은 왜 부자가 되지 못했는가』

▶ ▶ ▶ ▶

제목은 못마땅했지만 또, 내가 책 편집자라면

책 제목은 다르게 바꾸었을 것 같지만

올해 최고의 책 중 하나는

『돈의 심리학: 당신은 왜 부자가 되지 못했는가』[*]입니다.

---

* 책 제목 때문에 놓쳤으면 정말 안타까웠을 책입니다. 이 책은 MYSC의 사

이 책에는 돈이든, 사업이든, 커리어든 가장 중요한
핵심 원칙은 '성장', '머리', '통찰'이 아니라 결국 꾸준히
오래 견디고 살아남는 것이라고 강조합니다.

복리라는 마법은 우리의 삶에 큰 마법을 발휘할 수 있는데,
그 빛을 위해서는 오랜 세월을 허락해야 한다고 말합니다.

"복리는 마치 참나무를 심는 것과 같다.
1년 키워서는 별로 자란 것 같지가 않다.
그러나 10년이면 의미 있는 차이가 생길 수 있고,
50년이면 대단한 무언가를 만들어 낼 수 있다."

우리가 왜 돈을 못 버는가? 또는
우리는 왜 탁월함에 미치지 못하는가에 대해
저자는 이렇게 말합니다.

내 투자심사역학교에서 필수적으로 읽고 토의하는 책 중 하나입니다. '부
자가 되는 법? 관심 없어'라고 생각했다가 우연하게 책 표지를 넘기고 중
간중간 읽다가 구입하고 '최고의 책'이 된 행운을 놓치지 않을 수 있었습
니다. 저는 아직도 책을 사는 것은 아날로그 방식으로 서점(주로 광화문 교
보문고)에 가서 책들을 살펴보고 구매하는 방식을 선호합니다. 인터넷 구
매를 한 책은 거의 없습니다. 아날로그 방식으로 책을 살펴보는 유익은,
신간들을 보면서 사회에 어떤 흐름이 있는지 이해할 수 있다는 점과 함께
『돈의 심리학』과 같이 제목만으로는 놓칠 수 있는 책들과의 세렌디피티 만
남도 기대할 수 있다는 점입니다.

2021년

"대단한 성장을 이루고 지켜가기 위해서는
누구나 겪게 되는 예측 불가능한 수많은
오르막, 내리막을 견디고 살아남아야 한다."

결국 오랫동안 생존한다는 것은
오르막에서는 오르막의 길을 걷되,
내리막이 시작될 수 있음을 생각하고,
내리막에서는 내리막의 길을 걷되
그 걸음이 곧 오르막으로 이어짐을
의심하지 않아야 함을 의미합니다.
영어 표현으로 '업앤다운(up and down)'은
무척 아름다운 표현으로 저도 자주 쓰는 표현입니다.

오늘 이 시점 여러분은 up의 지점을 통과하고 있나요?
아니면 down의 한 지점을 경험하고 있나요?

오르막이든 내리막이든 그 걸음을
멈추지 않을 때 복리의 마법이 시작됩니다.

오르막에서는 더더욱 겸손함을
내리막에서는 다시금 겸허함을
잊지 않는다면 어느 지점을 통과하더라도
우리는 길을 잃지 않을 수 있습니다.

여러분의 up도 축복하고
down도 축복합니다.

에이블

2021년 4월 20일

전문성은 정체성이 아닌 행동으로부터

▶ ▶ ▶ ▶

"스무 살에 자신의 경력 계획에 가장 확신을 가졌던 학생이

서른 살에 가장 크게 후회한다는 사실을

나는 경험적으로 알고 있다.

마땅히 해야 하는 '다시 생각하기'를

충분히 하지 않았기 때문이다."

애덤 그랜트, 『싱크 어게인, Think Again』

▶ ▶ ▶ ▶

스무 살 무렵, 제가 되고 싶었던 꿈은 '사무원'이었습니다.

서류 정리를 비롯해 효율적인 절차와 운영 등에 관심이 많았고

머리 속에 서류철과 서류함을 깔끔하게 관리하는

제 모습이 그렇게 자랑스러울 수 없었습니다.

이런 모습이 크게 잘못된 것은 아니지만
내가 하고 싶은 것을 '행동 차원'으로 해석하지 않고
'정체성 차원'으로 해석하는 것은
조심해야 한다고 애덤 그랜트는 말합니다.

즉, '일과 업무를 효율적으로 관리하고 조직화하기'는
선호하는 행동을 발견하면
이를 자신이 잘하는 여러 역량 중 하나로
강화시키면 되는데도,
내 정체성은 '사무원'이라고 받아들이게 될 때
진로를 찾는 것부터 직장에서의
만족감이나 몰입이 떨어질 수밖에 없다는 의미입니다.

"직업은 자기가 주장하고 싶은 자신의 어떤 정체성이 아니라
실제로 취해야 할 어떤 '행동'이라는 사실을
아이들은 더 많이 배워야 한다.
2학년이나 3학년 아이는 '과학자가 되는 것'이 아니라
'과학하는 것'을 배울 때 한층 더 열중해서 추구한다.

과학이 정체성 차원이 아니라
행동 차원으로 제시되면
심지어 유치원생조차 과학에 더 많은 관심을 드러낸다."

2021년

'컨설턴트'가 되고 싶다는 정체성에 갇히기보다는
'맡은 문제 해결을 똑 부러지게 하는' 행동을 고도화하고,
'투자자'가 되고 싶다는 정체성을 고집하기보다는
'금융 행위를 통해 변화를 일으키는' 행동을 계속하고,
'창업기획자'가 되고 싶다는 정체성에만 제한되기보다는
'새로운 생각이 조직화되고 지속 가능하게 돕는' 행동에
익숙해진다는 관점을 갖는다면,

우리는 실체 없는 정체성을 붙잡다가 후회하거나
나의 제한된 시야로 내 뒤로 나타난 엄청난 기회를 놓치거나
잘못된 목표에 너무 열심히 집중하는 실수를
줄일 수 있을지도 모릅니다.

'나는 어떤 행동을 좋아하고 더 잘하고 싶은가?'
이런 질문을 중단하지 않고 계속할 때
우리는 전문성이란 달성할 목표나 도달할 경지가 아니라
내가 하는 다양한 행동들을 연결하고 이어가는
여정임을 깨닫게 됩니다.

애덤 그랜트는 다시 말합니다.
"인생 GPS를 단 하나의 목표에만 고정할 때 잘못된
목적지로 향하는 올바른 길을 향해 달려갈 수 있다."

2021년 5월, 여름의 초입,
충만한 에너지 속에서 사내기업가 여러분들이
이어가는 각자의 여정을 축복합니다.

에이블

2021년 5월 20일

수선화의
꽃말을 아시나요?

▶ ▶ ▶ ▶

외로우니까 사람이다
살아간다는 것은 외로움을 견디는 일이다
공연히 오지 않는 전화를 기다리지 마라
눈이 오면 눈길을 걷고
비가 오면 빗길을 걸어가라

정호승 시인, 『외로우니까 사람이다』 중 '수선화에게' 일부

오늘 같이 부슬비가 내리는 날에도
햇빛에 눈부신 날에도
기다리던 소식이 왔던 날에도
예상하지 못했던 슬픔이 찾아온 날에도
믿었던 상대로부터 배신을 당한 날에도
꿈꿔왔던 목표가 좌절된 날에도
애창곡을 가장 멋지게 부른 날에도

당신은 어떤 월급을 받고 있나요

누군가의 대가 없는 친절에 행복한 날에도
세 번째 도전이 물거품이 된 날에도
존경하는 누군가의 연락을 받은 날에도
오늘은 제발 나를 잊어 줬으면 하는 날에도
〈Let It Be〉 음악을 하루 종일 듣는 날에도
〈수선화〉* 라는 시를 곱씹어 읽는 날에도

그래서 우리는 사람입니다.
눈이 오면 눈길을 걷고
비가 오면 빗길을 걸어갑니다.
여러분은 충분히 멋진 수선화입니다.

에이블

2021년 6월 18일

---

*   수선화의 꽃말: '자신을 향한 사랑'

2021년

사람이 되고 싶었던
곰과 호랑이

▶ ▶ ▶ ▶ ▶

이때 곰 한 마리와 호랑이 한 마리가

같은 굴에서 살면서 항상 신웅(환웅)에게 빌기를,

"원컨대 변화하여 사람이 되었으면 합니다."라고 하였다.

이에 신웅이 신령스러운 쑥 한 타래와

마늘 20개를 주면서 이르기를

"너희들이 이것을 먹고 백일 동안 햇빛을 보지 아니하면

곧 사람이 될 것이다."라고 하였다.

일연, 『삼국유사』 중에서

▶ ▶ ▶ ▶

존 메이너드 케인스는

"장기적으로 우리는 모두 죽는다"고 말한 바 있습니다.

사실 우리는 모두 죽는데,

매일매일 단기적으로 그것을 깨닫지 못하는
치명적인 약점이 있습니다.

매일매일 0.001% 씩이라도 내가 죽어간다는 것을
아는 사람은 보다 지혜롭게 살 확률이 높습니다.

우리에게 익숙한 단군신화에서 곰과 호랑이에게
21일간 쑥과 마늘을 먹고, 햇빛을 보지 않으면
'사람'이 될 수 있다는 약속이 주어졌습니다.

곰은 결국 사람이 되었고, 호랑이는 중간에
뛰쳐나가며 원하던 꿈을 이루지 못했습니다.

21일 직후에야 갑자기 사람으로 변하기보다
21일 동안 매일 조금씩, 1/21씩 사람으로 변하는 것을
느낄 수 있었다면 호랑이도
그 누구도 포기하지 않았을 겁니다.

하지만 인생은 버튼을 누르면
원하는 것이 나오는 단순한 로직도 아니고
원인이 결과로 항상 연결되거나
내게 경험하기 편리한 방식의 UX/UI로 구성되지 않습니다.

21일이 되기 전, 곰과 호랑이 모두

2021년

169

사람이 되어가는 중이었지만
21일 후에 사람이 된 것은 곰뿐이었습니다.

곰은 "장기적으로 우리는 변한다"고 믿었고
호랑이는 "단기적으로 나는 변하지 않는다"고 믿었습니다.

지혜는 21일이라는 전체 기간이 지난 후를 상상하는
믿음입니다. 지금 하루하루의, 당장의, 표면적인
그것에서 아무런 변화가 느껴지지 않더라도.

한여름의 더위, 여러분에게 곰의 지혜가
가득하길 응원합니다.

에이블

2021년 7월 20일

일상이 곧
행복의 원천

▶ ▶ ▶ ▶ ▶

행복심리학자 최인철 교수님은

"행복은 '내 삶을 사랑하는 정도'"라고 정의합니다.

행복이 간헐적으로 특별하거나 비상한 어떤 경험이 아니라

평범하고 보통의 일상으로서 삶인 이유는,

우리 일상의 대부분이 평범하고 보통이기 때문입니다.

그중에서 다음의 4가지를 일상에서 얼마나

경험하는지에 따라 행복의 정도가 달라진다고 합니다.

특히 하루의 꽤 많은 시간을 보내는 직장에서,

- 좋은 인간관계(Intimacy)

  닮고 싶고 배우고 싶은 동료들이 주변에 다수라면?

- 자율성(Autonomy)

  두근거려도 자주적으로 일의 수행을 선택할 수 있다면?

2021년

- 의미와 목적(Meaning & Purpose)

  내 행동이 더 큰 의미와 목적의 일부임을 종종 깨닫는다면?

- 재미있는 일(Interesting Job)

  그리고 흥미롭게 계속 성장하고 도전하고픈 마음이 커진다면?

이를 누린 사람들이, 또는 이를 누리지 못한 사람들이
장기적으로 어떤 사람이 되는지를
저는 MYSC에서 10년이라는 짧지 않은 시간 동안
지켜볼 수 있었습니다.

이를 누리는 사람들만이
사회 양극화, 경제 불평등, 환경 위기라는
우리 앞에 놓인 암울한 핏빛 미래에서도
좌절하거나 조급하지 않고,

우리의 지극히 평범하고 보통인 일상에서
건져 올린 행복을 언제든 어디서나
재생에너지(renewable energy)로 충전해
나의 쓸모를 넘어 내 주변에까지
흘려보낼 수 있음을.

▶ ▶ ▶ ▶

우리의 사내기업가 정신이 곧
행복이라는 재생에너지임을 믿습니다.

이번 한 달도 수고 많으셨습니다.
에이블

2021년 8월 20일

이 특별한 힘든
구간에서

▶ ▶ ▶ ▶ ▶

기업을 운영하는 것이 하나의 전쟁이라면,

사상자는 대부분 아군의 포격이나

스스로 자초한 부상에 따른 결과다.

노암 와서먼, 『창업자의 딜레마』* 중에서

---

*   스타트업 창업가라면 꼭 읽기를 추천하는 책입니다. 법인이라는 기업의 탄
생은 비유를 하자면, 하나의 인격(법인격)이 출생하는 것과 같습니다. 이
아이가 자라나면서 경험하게 되는 다양한 도전 과제들은 엇비슷한 경로를
가지게 되기에 각 단계별 '딜레마'들을 어떻게 해결해야 할지 미리 고민하
면 큰 도움이 됩니다. 저 같은 경우는 '초기에 함께 시작한 사람들'과 '중
간에 채용한 경력직'이 서로 충돌하게 되는 딜레마를 사전에 인지하게 되
어, 이러한 딜레마를 완화할 수 있도록 초기에 함께 시작한 분들의 역량과
리더십이 충분히 강화되기까지 경력직 채용을 최대한 늦추는 전략을 세울
수 있었습니다. 이를 통해 당시 초기에 함께 했던 많은 분들이 회사를 떠나
지 않고(혹은 밀려나지 않고) 지금에 이르기까지 주요한 역할을 하고 있습
니다.

▶ ▶ ▶ ▶

최근 2개월은 제게 무척 힘든 시간과 새로운 경험이
한꺼번에 몰려들고 얽힌 '특별한' 구간이었습니다.

사랑하는 가족 안에서 낙담과 무력감,
회사 거버넌스가 다양성에서 복잡함으로
발전할 때의 당혹감, 의사결정해야 하는 순간
무엇이 옳은 방향인지 모를 때의 막막함까지

덕분에 체중은 7kg 이상 빠졌고
(물론 더 철저히 거의 매일 달리고 수영을 했기에),
누가 저를 믿고 은혜를 베푸는지를 알게 되고,
여전히 이 길을 뚜벅이처럼 걸어가는 이유를
제대로 생각했던 '충만한' 시간이었습니다.

특별함과 충만함이라는 경험!
편안하고 익숙하고 모든 것이 원하는 방향대로
이루어질 때는 결코 경험하지 못하는 이 경험

이러한 경험의 축적도
'축적의 길'에서 경험하는 마일스톤이고,
이러한 마일스톤을 경험할 때

2021년

그토록 도착하고 싶었던 첫 번째 고원,
첫 번째 정상에 가까웠다는 본능을 느낍니다.

추석의 여유로움을 통해,
2021년 빠르게 지나왔던 여러분들의
특별함과 충만함을 발견해 보고,
이를 통해 여러분들이 진입하고 있는
첫 번째 고원, 첫 번째 정상을 맞이해 보는
시간 되시길 기원합니다.

사내기업가 각자가 다다르는
각자의 고원과 정상이 연결되며
우리는 산맥을 이루고 더 깊게, 넓게,
높게, 깊숙하게 존재합니다.

감사합니다.
에이블

2021년 9월 17일

공정과 공평

▶ ▶ ▶ ▶ ▶

외부 요인을 제외하고 불만과 불평을
자아내는 내적인 요소들은 무엇일까요?

다수는 내가 자아를 이해하고
세계를 해석하는 개인 고유의 멘탈 모델과
관련되곤 합니다.

그중 하나가 공평과 공정에 대한
자신만의 정의와 시각입니다.

'공평'은 같은 조건 내 차별 없는 보편적 대우이고
'공정'은 형평성과 기여를 고려한 맞춤형 대우입니다.
(누구나 특정 지역에서 접속 가능한 공공와이파이
vs 같은 교통비를 내지만 임산부나 노약자를 위한
별도의 자리)

2021년

나를 생각할 때는 내 위치, 내 기여,
나의 상황을 특수하게 고려해서
'나를 공정하게 대우하는가?'를 먼저 떠올리고

남을 바라볼 때는 다른 이의 모든 형편과
특수성을 고려할 수는 없기에
'이게 공평함의 범위 내에 있는가?'를 먼저 떠올리면

누군가와의 비교를 통해 우리의 일상은
조금씩 불만과 불평이 늘어날 수 있습니다.

오히려
나에 대해서는 '공평'의 원칙을 적용해
추가로 누리고 혜택을 받는 것에 감사하고
타인에 대해서는 '공정'의 원칙을 적용해
맞춤형 대우가 언젠가 나에게도 가능하겠다고
믿게 된다면

우리의 일상은
감사와 배려의 선순환이 일어날
확률이 높습니다.

공평함이 더욱 확대되고,

공정함도 더욱 강화되기 위해
우리 각자는 어떤 마음가짐, 태도를
더 함양해야 할까요?

2021년을 마무리하기 전
모두가 함께 생각하며
각자의 답과, 전체로서의 답을
찾아가길 원하는 질문입니다.

한 달, 수고에 감사드립니다.
에이블

2021년 10월 20일

누군가의 배려와 호의는
나의 권리가 아니다

▶ ▶ ▶ ▶ ▶

"우선 많이 바쁘셔서 경황이 없으신 것 같네요.
그러나 그럼에도 안 되면 안 된다, 되면 된다 정도의
답문은 주실 수 있으실 텐데…, 이렇게 그냥 무시하는 것은
상대에 대한 기본 예의는 아니라고 생각합니다.

실제 거절이더라도 다른 사람에겐 이러한 태도는
보이지 않으셨으면 하는 바람입니다."

▶ ▶ ▶ ▶ ▶

얼마 전 문자를 받자마자 감정이 복잡했습니다.
근무일로 치면 딱 이틀 정도 회신을 못했는데 말이죠.

처음엔 '이게 뭐지?'
'내가 그를 돕는 게 그분에게는 당연한 걸까?'

'지난 며칠 동안 내 상황이 어땠는지 과연 알까?'

자세한 내용을 알고 싶다는 답문을 보내고
구체적인 내용을 문자로 받은 후 가부 여부를
이틀 정도 못 드린 것이 그 분 입장에서는
초조했을 거라는 생각이 들었습니다.

살아오면서 제게도 누군가가 당연히
하지 않아도 될 역할과 배려, 도움을
주셨겠다는 생각이 불현듯 이어졌습니다.

거인들의 어깨 위에 올라가며
그 거인들이 내게 어깨를 빌려줄
이유가 하나도 없으니까요

저 역시 급하게 추천사를 요청하기도 했고
막막한 절망에 무작정 연락도 하고
문제를 해결하기 위해 누군가의
네트워크와 시간을 무수히도 많이
요청하고 활용해 왔습니다.

다른 이들이 그들 자신을 위해
쓸 수 있었던 시간과 에너지를

2021년

나 역시 가져가며 발전하고 성장해 가는데,
정작 나 자신은 누군가에게
그렇게 하게 하는지를 돌아보았습니다.

결국 '죄송합니다'를 두 번 쓰며
답신을 보내고 관련 요청대로
도와드리겠다고 했습니다.

문자를 받고 답변까지
불과 10분도 걸리지 않은
순간이었지만

저의 10년을 돌아보는
순간이었습니다.

살아오면서 당연하게 기대하는
누군가의 도움과 호의는
사실 그 누군가에게 해야 할
의무와 이유가 아닙니다.

그 호의와 배려는
나의 권리도 아니고
그분들의 의무도 아닙니다.

그럼에도 누군가는 자신의
시간과 에너지 그리고 기회를
나눕니다.

이들을 부르는 이름이 있습니다.
바로 사내기업가입니다.

여러분이 위의 문자를 받으신다면
어떤 생각이 드실까요?
그리고 어떻게 답신을 하고 싶나요?

▶ ▶ ▶ ▶

한 달 고생하셨습니다.
감사합니다.

에이블

2021년 11월 19일

현재의 문법이 아닌
미래의 문법을 따라가기

▶ ▶ ▶ ▶

2011년 MYSC가 처음 출범할 때
'국내 최초 사회혁신 컨설팅 기업'이라는
언론보도가 있었습니다.

당연히 MYSC가
비영리단체라고 생각하는 분들이 대다수였습니다.

당시 MYSC 대표이셨던 정진호 회장님께서
읽어보라며 주셨던 원서는 2013년,
'자본시장의 새로운 패러다임'이라는 부제를 달고서
국내 첫 『임팩트투자』 개론서로 출간되었습니다.

부제가 말이 되냐는 질문이 많았습니다.

2013년, 사회적기업 육성과 BM 개발에
디자인씽킹을 적용하기 시작하자

기업과 '디자인'이 도대체 무슨 상관이 있냐는
비판과 질문을 무수히 많이 받았습니다.

2014년, 개발협력과 비즈니스를 연결하며
개발도상국에서 활동할 기업 인큐베이팅을 시작하자,
성스러운 '개발' 현장에 자본주의를 들여온다며
각종 비판과 견제를 받았습니다.

2016년 MYSC가 비콥(B-corp)*이 되면서
그 유익함과 가치를 널리 전파하고자 원서를 번역해
'세계를 위한 최고의 기업으로'란 부제를 가진
국내 첫 비콥 개론서가 출간되었습니다.

그리고 2021년에는 '착한책가게'란 곳을 통해
『자본주의 혁명, 비콥』이란 새로운 책이 번역·출간 되었고
이 책은 '비콥 운동은 자본주의를 어떻게 바꾸고 있는가?'
란 부제가 달려 있습니다.

'작은 기업의 운동인 비콥이
과연 영향력이 있을까?' 하는 질문들이 초기에 많았습니다.

---

* 비콥의 자세한 설명은 204쪽 참조.

2021년

▶ ▶ ▶ ▶

영리/비영리가 함께 공유가치를 창출하는 사회혁신,

인간중심의 새로운 세계관 디자인씽킹,

자본시장의 새로운 패러다임 임팩트투자,

자본주의 혁명으로 더 나은 기업을 만드는 비콥까지

MYSC의 지난 10년은 당시에는

말이 안되고, 가능하지 않고, 비주류의 영역을 도전하고

일궈오는 시간이었습니다.

앞으로의 10년은 어떤 모습일까요?

앞으로도 우리가 도전하는 모습을 보고

주변에서 '말이 안 된다, 가능하지 않다'고

말한다면 좋겠습니다.

우리는 현재의 문법에 따라

현재의 언어만을 구사하지 않고,

앞으로 다가올 더 나은 미래의 문법을 개척하고

미래의 언어를 연습해 보는

'혁신을 위한 혁신 조직'이니까요

2021년을 여러분과 함께 잘 보냅니다.
2022년을 여러분과 함께 새롭게 맞이합니다.

인생의 큰 축복인 여러분, 감사합니다.
한 분, 한 분의 삶에 목적 충만한 기쁨이
가득한 연말연시 되시길 기도합니다.

에이블

2021년 12월 20일

2021년,
어떤 열매를 맺었을까?

▶ ▶ ▶ ▶

　코로나19에 적응하며 주춤했던 전년도와 달리 지속적으로 축적된 조직적 역량은 2021년 매우 인상적인 성장세를 기록했다. 76억 원의 매출, 14억 원의 순이익을 통해 전년대비 각각 112%, 75%가 증가한 재무적 성과를 이루었다.

　그동안 가장 큰 규모인 60억 규모의 모태펀드 사회적기업 펀드를 결성했고, 처음으로 한국성장금융으로부터 250억 원 규모의 임팩트스케일업 펀드 공동운용사로 더웰스인베스트먼트와 함께 선정되는 등 회사가 본격적인 투자사로의 규모를 갖추기 시작한 원년이었다.

　당시 투자한 회사에는 테스트웍스(AI 모델링 사회적기업), 알티비피얼라이언스(부산 도시재생 스타트업), 이모티브(ADHD 디지털 치료제), 리하베스트(푸드 업싸이클링), 키뮤(발달장애 아티스트 디자인) 등이 있다.

▶ ▶ ▶ ▶

뚝섬역 근처의 헤이그라운드(성수시작점)에서의 시기를 마무리하고, 성수역 근처에 사옥 '메리히어'(Merry Here)를 마련하고 직접 육성·투자한 스타트업들도 공동 입주해서 혁신적인 솔루션을 선보이는 '임팩트 모델 하우스' 개념을 시작했다.

종업원지주제(ESOP)의 실천을 통해 구성원들이

2022년은 어떤 해였을까 ?

회사 주식을 확보하고 회사의 성장과 개인의 이해관계가 일치하도록 도왔다. 경남지점, 대구지점, 호남지점 등이 설치되면서 MYSC 지역 사업은 제주 외에도 다른 지역으로도 확산되는 기점이 되었다.

메타인지와
골든서클

▶ ▶ ▶ ▶

"하고자 하는 마음이 크면, 되는 사례를 찾아보고
안 하고자 하는 마음이 크면, 안 되는 사례를 찾아봅니다."

연초에 광명시장님과의 미팅에 갔다가
들었던 흥미로운 이야기입니다.

광명시 같은 기초자치단체가 하고 싶은 사업이 있으면
전국의 비슷한 기초자치단체가 하는 사업들을 들여다보는데,
하고 싶은 사업이면 우수사례를,
안하고 싶은 사업이면 실패사례를 찾아본다고 합니다.

우수사례는 우리가 해야 할 근거로
실패사례는 우리가 하지 않아야 할 근거로
쓰인다는 것이죠.

▶ ▶ ▶ ▶

2022년 첫 달입니다.

어떤 일이 되어야 할 이유 또는

하지 않아야 할 이유를 찾기 전

나는 이미 어떤 방향을 생각하고 있는지 생각해 보는 것,

바로 그 중요한 '**메타인지**'*를 가동하는 사람의 특징입니다.

나는 어떤 사람이 되고 싶은가,

나는 왜(why) 일하는가를 지속적으로 사유하며

내게 맡겨진 일의 방법(how)과 무엇(what)을 탐색하는 것,

바로 그 유명한 '**골든서클**'**(Golden Circle)을 활용하는

---

* 메타인지는 쉽게 말해 '내가 아는 것과 내가 모르는 것이 무엇인지를 아는 인지체계'입니다. 무언가 논의를 할 때 내가 알고 있는지, 모르고 있는지를 모르는 경우, 대화에서 나오는 잘 모르는 단어나 내용에 대해 다시 질문하지 않고 그냥 아는 체를 하고 넘어 간다면 이는 메타인지가 낮은 경우입니다. 메타인지가 높으면 또한 자신을 객관적으로 파악하게 되어 스스로를 과대평가하지 않거나 과소평가하지도 않을 확률이 높습니다. 함께 일하기 싫은 상사나 동료가 많은 이유는 메타인지 이슈일 경우가 많습니다.

** 제가 팔로잉하고 있는 세계적인 경영사상가 사이먼 시넥(Simon Sinek)이 제안한 개념입니다. 리더십에 대한 통찰력이 뛰어난 분인데요 유투브에서 검색하면 그의 다양한 이야기들을 살펴볼 수 있습니다. 『나는 왜 이 일을 하는가?』(Start with Why)라는 책에서 사이먼 시넥은 골든서클(Golden

사람의 특징입니다.

내 생각의 오류나 한계를 증폭해서,
문제 정의와 문제 해결의 단계를 스스로 마무리하기 전,
나보다 가중치가 있는 사람들의 피드백을 요청하는 것은,
바로 '중요한 대화(Critical talk)'를 즐겨 쓰는
사람의 특징입니다.

하루하루 일에 치이지 않고,
그 일과 업무의 상호작용을 통해 나를 이해하고
고객과 사회를 위한 더 나은 아이디어를 넓혀가는 것,
바로 그 탁월한 '인사이트'를 축적해 가는
사람의 특징입니다.

메타인지

골든서클

중요한 대화

Circle)이란 개념을 통해 모든 위대한 리더들과 위대한 프로젝트들은 항상 '왜(why)'에 집중했다고 설명합니다. 그 이후에 '어떻게(how)'와 '무엇(what)'이 따라오게 되는데, 많은 경우 우리들은 곧바로 '무엇'에 집중하거나, '어떻게'라는 절차적 방법론에 매몰되는 것이 현실입니다. 1,800만 이상 조회를 기록한 TED 강의 〈How great leaders inspire action〉 시청을 추천합니다.

인사이트

모두가 사내기업가의 문양(hallmark)입니다.
이러한 문양이 깊어 가는 한 해 되시길 기원합니다.

with blessing
에이블

2022년 1월 20일

10주년을 맞이하니
달라져 보이는 것

▶ ▶ ▶ ▶ ▶

10주년을 맞이한 MYSC
2022년이 이전과 다르다고 느껴지는 부분들이 있습니다.

▶ ▶ ▶ ▶

첫째, 어느 때보다 예측가능한 부분이 증가하고 있습니다.
우리가 어떤 사업을 하고, 무엇을 계속하고,
어떤 역량과 준비가 필요한지를 높은 확률로 알게 된다면
우리의 시간과 에너지를
보다 효율적으로 활용할 수 있습니다.

반면에 예측가능의 증가가 가져오는 다른 측면도 있습니다.
예측가능하기에, 그것이 '가능'한 범위 내에서만 사고하거나
역량이 '가능'한 내부 구성원들에게만 기회가 몰리면

새로운 기회와 창의적 사고가 약해질 수 있습니다.

올 연말이 될 때쯤 우리는 '예측가능함의 증가'가 가져오는
대차대조표를 솔직하게 받아볼 것 같습니다.
여러분에게 '예측 가능함'의 기회와 위기는 무엇일까요?

▶ ▶ ▶ ▶

둘째, 투자 영역의 약진을 통해
지속가능 엔진이 가동되었습니다.
작년 최초로 부분 엑시트된 TESSA[*]를 통해
MYSC는 투자라는 장기농사를 통해서도
결실이 가능함을 확인했고
지금도 임팩트패밀리의 성장 속도는 가파릅니다.

---

*   TESSA는 그동안 자산가들의 투자 대상으로만 여겨졌던 고가의 미술품을
개개인도 '조각투자'라는 방식을 통해 접근할 수 있도록 돕는 '조각투자
플랫폼' 스타트업입니다. MYSC는 예술 분야의 접근성 개선에 대한 임팩
트를 기대하며 최초의 기관투자자로 투자에 참여했으며, 후속투자 이후에
일부 금액을 부분 회수(exit)했습니다. 데이비드 호크니, 샤갈 등과 같은 유
명 화가들의 작품을 최소 단위 1,000원으로 시작해 구매할 수 있다는 부분
은 꼭 자산 형성의 관점이 아니라, 자신에게 의미 있는 예술에 개인적으로
팬이 될 수 있는 방법이라는 점에서 의미가 깊습니다. TESSA 앱을 다운로
드 받아 자신이 좋아하는 미술품을 살펴보는 건 어떨까요?

2022년

이러한 투자활동 현금 흐름을 통해

매년 평균 5~10억 원 이상의

매출을 만들어 간다면

이러한 재원을 통해 위탁, 용역으로서의

컨설팅이나 액셀러레이팅을 넘어

MYSC가 직접 기획하고 실행하는

컨설팅, 액셀러레이팅, 브랜딩, 서비스디자인 등의

영역이 증가할 것으로 기대합니다.

투자 이익이 회수될 때 이를 전사 차원에서도 공유하고

개개인의 자산이 발전되도록 하는 방법도 실행 예정입니다.

특히, 일정 조건이 되는 개개인에게 **추가 인센티브**[*]를 제공하고

MYSC가 만드는 펀드에 출자하도록 하여

출자자로서 투자 성과를

---

[*] MYSC의 인센티브는 여러가지 방식으로 진행됩니다. 회사의 주식을 배분하는 스톡옵션(stock option)을 통해 '종업원지주제'(Employee Stock Option Plan)를 진행하고 있습니다. 또한, 투자를 진행할 때 구성원 역시 투자할 수 있는 기회를 제공하는데요, 해당 펀드에 출자자로 참여하도록 돕고, 출자금 역시 인센티브를 통해 제공하여 투자의 위험은 낮추고, 투자의 성과는 확보하는 방향으로 개인의 장기적인 이익 실현 기회를 제공하고 있습니다. 이를 통해 현재까지 16명이 출자자로 참여할 수 있게 되었습니다.

직접 가져가는 방식도 올해부터 시작합니다.
일정 요건의 컨설턴트분들부터 시작하고 매년 진행을 통해
여러분들이 MYSC에 있으면서
자산증대가 가능하도록 도울 예정입니다.

▶ ▶ ▶ ▶

셋째, 생태계와 고객이 원하는 난이도 및
복잡도가 계속 높아집니다.
과거에는 ESG 따로, 디자인씽킹 따로, 컨설팅 따로,
오픈이노베이션 따로, 스타트업 협업 따로, 측정 따로였지만

지금은 'ESG 주제와 오픈이노베이션 방식을 통한
외부 스타트업 협업을 추진하고,
이를 통해 사내 부서의 신사업 개발
그리고 사내 혁신문화 조성'과 같은
복합 요청들이 증가하고 있습니다.

핵심역량의 관점에서는 단일 역량이 아니라
복수 역량이 증가할수록
차별화와 경쟁우위가 더욱 탄탄해집니다.

어떤 영역의 담당자가 글을 잘 쓰는 역량 하나만 추가해도
차별화가 되는 것처럼
MYSC의 핵심역량들이
이제는 '집합적 역량(collective competencies)'으로 융합되고
함께 작동해서 새로운 가치를 창출하기 시작합니다.

분절적, 단편적 접근이 아닌 포괄적, 전체적 관점의
전문가(리더)가 결국 생태계에서 주목받고 기대된다는 가설이
지난 10년간 계속 검증되고 있습니다.

물론, 이러한 집합적 역량이 강화되면서
내부적인 고민도 커갑니다.
어느 때보다 펠로우(주니어)와 같이
새롭게 합류한 분들이 역량을 축적하고
시행착오를 충분히 확보할 수 있는
기회가 줄어들고 있기 때문입니다.

이 부분에 변화를 주기 위해 저와 수퍼비전은
새로운 아이디어를 모색하고 있습니다.

▶ ▶ ▶ ▶

10년간 '적응'과 '진화'는 MYSC의 변함없는 DNA였습니다.

복잡계의 새로운 이슈를 다시금 기회로 삼아
우리는 계속 항해를 계속 할 겁니다.
꾸준히, 꾸준히, 한결같이

▶ ▶ ▶ ▶

한 달간 수고하셨습니다.
감사합니다.

에이블

2022년 2월 20일

'개판'이지만
대단할 수 있다

▶ ▶ ▶ ▶ ▶

리더는 팔로워와 정말 다르다.

실은 우리 투자사 중 좋은 회사도 많지만,

이런 C레벨 인재분들이 가기엔

내가 봐도 너무 초라한 회사도 많은데,

그중 한 분에게

왜 훨씬 더 좋은 회사들 오퍼를 거절하고

우리 투자사에 왔는지 물어봤다.

이분의 답변과 태도가 굉장히 맘에 들었는데,

"솔직히 제품과 기술을 뜯어봤을 때,

생각했던 것보다 개판이라서 좀 놀라긴 했어요.

하지만 첫째, 이렇게 개판이니까

내가 할 수 있는 게 너무 많아서 좋았어요.

그리고 둘째, 이렇게 개판인데도

이 정도면 정말 대단한 회사라고 생각했어요."

라는 말을 한 게 생생하게 기억난다.

이런 분들은 이미 누군가 잘 만들어 놓은 틀에 들어가서
편안하게 그 틀에 적응하기보단,
누구도 못 만들었던 틀을 본인이 직접 만드는 걸 더 선호한다.
그래서 리더의 마인드를 가진 분들을
뽑아야 한다.
왜냐하면 리더를 잘 뽑으면,
팔로워들은 그냥 따라오기 때문이다.

『리더와 팔로워』, **배기홍** [*] 중에서

▶ ▶ ▶ ▶

이 글을 읽으며 '개판이지만 이 정도도 대단하다'라는
균형적인 시각이, 리더(또는 잠재적 리더)만이 가질 수 있는
안정감과 용기 그리고 믿음이라는 생각이 들었습니다.

---

[*]   배기홍 대표는 제가 SNS에서 많은 영감을 받고 있는 스타트업 투자자입니
   다. 실리콘밸리와 한국을 연결하는 스트롱벤처스(Strong Ventures) 대표이
   자, 『스타트업 바이블』의 저자이기도 합니다. 동명의 블로그 '스타트업 바
   이블'에서 스타트업과 투자에 관한 짧지만 강력한 인사이트를 공유하고
   있습니다(www.thestartupbible.com).

2022년

대부분은 '개판' 또는 '대단함' 중에

하나만을 보려고 합니다.

투자할 때도 완벽해 보이는 팀만을 쫓다가

많은 것을 놓치고

눈 앞에 보이는 기회가 '개판'인 경우

누구도 관심을 갖지 않습니다.

돌이켜 보면 MYSC와 저에게 '임팩트투자'도 그랬고

'비콥/BIA'도 그랬고, '디자인씽킹'도 마찬가지였습니다.

비콥에 대한 대단함이 없을 때,

임팩트투자에 대한 대단함이 존재하지 않을 때

이를 선택했던 소수는

지금의 변화 속에서 더 큰 기회를 바라보게 됩니다.

돈이 되기에, 대단한 기회가 있기에

비콥을 공부하고, BIA를 살펴본 것이 아니었습니다.

사실 '돈이 안되기에' 초기 어떤 기관들에게

함께 비콥, **비랩코리아**[*]를 만들어 가자는

---

[*] '비즈니스가 선한 힘의 원천이다'(business as a force for good)라는 가치를
지향하는 비콥(B Corp) 운동을 한국에서 주관하고 담당하는 비영리 사단
법입니다. 2019년 MYSC를 비롯해 풀무원, 법무법인 디라이트, 신영증권,
유진투자증권 등이 힘을 합쳐 설립하였고, 역시 비콥이자 세계적으로 비콥

요청을 했지만 '관심이 없다'고 말씀해 주셨습니다.

10년간의 작은 가설의 잠정 결론입니다.

하나의 시각에서, '특히 좋은 것/기회인 것/돈이 되는 것' 같은
좁은 범주의 렌즈만을 가지고
세상을 바라보고 선택하기에는
인생은 너무나 '다양한/숨겨진/대단한 기회'라는 것을.

'개판(볼품없고, 돈 안되는)이지만 대단하다'라는
마인드를 가진다면, 그 마인드가 이 세상에
지극히 부족해 더 많아져야 하는
'선하고 능력 있는 리더십'으로
향하는 열쇠이지 않을까 생각합니다.

여러분들의 기대와 희망을 '계약/연봉 상담 세션'을
통해 들을 수 있었던 귀한 기회였습니다.
저도 여러분들께 보다 자신 있게 앞으로의
도전과 응전을 제시하고 부탁할 계획입니다.

운동의 챔피언 역할을 하는 파타고니아의 한국 법인에서도 큰 도움을 주
셨습니다. 비콥이 되고자 하는 기업에게 관련된 자문과 학습 기회를 제공
하기도 합니다. 더 자세한 내용은 사단법인 홈페이지(https://bcorporation.
kr/)에서 확인 가능합니다.

2022년

리더입니까, 팔로어입니까?

저는 여러분들이 리더라고 믿고 대우합니다.

감사합니다.

에이블

2022년 3월 18일

비관적
낙관주의

▶ ▶ ▶ ▶

"사업은 언제나 성공보다는 실패할 경우가 많다.

때문에 성공보다는 실패를 예측하는 사람들의
의견이 맞을 확률이 높다.
긍정적이고 낙관적인 생각보다는
부정적이고 비관적인 생각이 더 똑똑해 보이는 이유다.
그리고 이런 의견을 제시하는 사람들이 소위
전문가로 불리운다.
하지만 생각해 보라.
늘 부정적인 의견을 제시하는 사람 중에
세상을 바꾼 사람이 있던가."

김봉진, 배민 창업자, 2016.4.16

▶ ▶ ▶ ▶

요즘 SNS에서 많이 공유되는 김봉진 배민 창업자의 글.
사회혁신 컨설팅, 임팩트 스타트업 액셀러레이팅,
임팩트투자 영역에 있는 MYSC 역시
지난 10년간은 동일한 경험을 많이 해왔습니다.
(교수님) "내가 수십년 발달장애 전문가인데 이건 안 돼요."
(금융전문가) "임팩트투자가 어떻게 수익이 나요."
(박사님) "비콥은 워싱하는 인증 장사아닌가요."
(대기업 임원) "비용이 올라가는데 이걸 어떻게 회사가 승인해
요?"

놀랍게도 이런 관점은 비단 외부에서만이 아닌
우리 내부에서도 적지 않았습니다.

"이건 저희가 해본 적이 없잖아요."
"할 사람이 없는데 어떻게 해요."
"경험 없는 이 친구를 믿고 어떻게 맡겨요?"
"이곳에서는 고급 핵심역량을 못 배울 것 같아요."

10년간 지켜본 결과는 당장은 비관적인 판단이
우세하고 동조하기 쉽지만,
장기적으로는 그러한 판단의 반대편에 대한
믿음에 베팅하는 것이 유효할 확률이 높습니다.

"내가 수십 년 발달장애 전문가인데 이건 안돼요."

→테스트웍스 등이 **발달장애인 고용**[*] 으로

성과를 내고 있도록 MYSC는 함께 했습니다

"임팩트투자가 어떻게 수익이 나요"

→MYSC의 투자 건만 보더라도 투자 이익 배수에 대해

주변에서 놀라기 시작합니다

---

[*] 해외에서는 자폐성 장애인 등을 '신경다양성 인재'(neurodiversity talent)로 간주하고 이들이 장점을 발휘할 수 있는 직무 배치를 통해 생산성을 높이는 방식의 채용이 진행 중에 있습니다. 이러한 사례를 통해 MYSC는 SAP코리아와 함께 2016년 '자폐성 장애인의 일자리 창출' 프로젝트를 시작했고, 이때 선발된 자폐성 장애인들이 참여할 수 있는 일자리 연습을 사회적기업 테스트웍스(Testworks)와 협력해서 진행했습니다. 놀랍게도 이때 참여한 자폐성 장애인들은 IT/SW 테스팅 역량 부분에서 비장애인보다 우수한 역량의 가능성을 보였습니다. 테스트웍스는 160여 명이 넘는 구성원 중 20여 명이 넘는 자폐성 장애인을 고용하며, AI 데이터 회사로서 빠르게 성장하고 있습니다. 놀라운 부분은 2016년 당시 일자리 연습으로 참여했던 분들 중에 지금까지도 근무 중인 분이 있다는 사실입니다. 해당 분의 보호자가 테스트웍스 윤석원 대표에게 보낸 2023년 5월 8일 편지 내용 역시 놀라운 내용입니다: "장애라는 게 한번 판정을 받으면, 특히 성인이 되고 나면 더 이상의 변화나 성장은 기대할 수 없다고 하나, 조금씩 변하는 아이를 보면서, 혹시나 하는 마음으로 얼마 전 종합적인 검사를 하게 되었습니다. 지능, 인지, 사고 및 정서 등 모든 영역에서 성장했고 특히 OO가 가장 취약했던 사회성이 믿기지 않을 만큼 좋아졌습니다. 의사 선생님께서도 이런 사례는 처음 본다고 하시며 정말 유의미한 결과라고 하셨습니다." 테스트웍스는 MYSC가 투자하며 지속적으로 그 여정에 함께하고 있는 멋진 기업입니다.

2022년

"비콥은 워싱하는 인증 장사 아닌가요?"

→ 세계적으로 비콥은 ESG의 워싱을
방지하는 효과적인 장치로 대세가 되어 갑니다.

"비용이 올라가는데 이걸 어떻게 회사가 승인해요?"

→ 비용은 이제 '투자'라는 관점에서 인식되어
기업의 의사결정이 변하고 있습니다

"이건 저희가 해본 적이 없잖아요."

→ 해 본 것에만 집중하지 않아서
현재의 MYSC가 되고 발전하고 있습니다

"할 사람이 없는데 어떻게 해요?"

→ 모든 조직이 그렇게 생각할 때
한 걸음 더 수고했기에 탁월해지고 있습니다

"경험 없는 이 친구를 믿고 어떻게 맡겨요?"

→ 경험이 없기에 탈학습의 부담 없이
스펀지처럼 빠르게 흡수해서 멋진 리더가 되고 있습니다

"이곳에서는 고급 핵심역량을 못 배울 것 같아요."

→ 통찰력 있게 통합할 수 있고, 시행착오 기반으로
개념설계하는 사내기업가들이 고급 인재가 됩니다.

지난번 제주도에서 있었던 수퍼비전＋선임급 랩장
확대워크숍에서 **'비관적 낙관주의'**[*]라는 이야기를
서로 주고받았습니다.

현재의 현실 인식은 비관적이지만,
미래에 대한 인식은 낙관하는 사람이
이길 확률이 높습니다.

4월 한 달 수고하셨습니다.
새로움을 준비하는 5월을 기대해 주세요.

에이블

2022년 4월 18일

---

[*]   알베르트 슈바이처는 자서전 『나의 생애와 사상』에서 "나의 지식은 비관
적이지만, 나의 의지와 희망은 낙관적이다."(My knowledge is pessimistic,
but my willing and hoping are optimistic)라는 말을 남깁니다. 이러한 철학을
'비관적 낙관주의'라고 하는데요, 청년 시절 저에게 큰 영향을 준 가치관입
니다. 관련된 사례로 '스톡데일 패러독스(Stockdale Paradox)'가 있습니다.
베트남 전쟁 포로로 잡힌 제임스 스톡데일 대령은 모진 고문을 받는 최악
의 상황에서도 믿음을 잃지 않고 현실을 견뎌냈지만, 낙관주의자들은 상심
을 못 이겨 대부분 죽고 말았습니다. '올해 크리스마스가 되기 전까지는 집
에 갈 수 있을 거야'라는 생각과 '이번 크리스마스에 집에 가긴 어려울 수
있지만, 몇 해가 지나도 사랑하는 가족이 기다리는 집에 돌아가기 위해서
꼭 견뎌 낼거야'라는 생각은 큰 차이를 가지게 된다는 뜻입니다.

아주 작은 일
그리고 작은 여우

▶ ▶ ▶ ▶ ▶

아주 작은 일이라도

일주일을 계속하면 성실한 것입니다.

한 달을 계속 한다면 신의가 있는 것입니다.

일 년을 계속 한다면 생활이 변할 것입니다.

십 년을 계속 한다면 인생이 바뀔 것입니다.

세상의 모든 큰일

아주 작은 일을 계속 하는 것에서 시작됩니다.

강미정 시인, 『아주 작은 일』

▶ ▶ ▶ ▶

MYSC와도 공동 투자자로 함께한

'스트롱벤처스' 배기홍 대표님이

소개한 강미정 시인의 『아주 작은 일』이라는 시입니다.

해당 글에서 배기홍 대표는

"모든 큰 일은 아주 작은 일 하나에서 시작된다"며
"작은 일이라고 무시하지 말고,
그 작은 일부터 끝내는 습관을
들이는 걸 권장"한다고 조언합니다.

사회양극화 해소, 경제불평등 해결,
환경위기의 완화라는 큰 그림은
우리의 아주 작은 일이라는
미세한 조각으로 이루어집니다.
모든 큰일의 시작도, 모든 큰 어려움의 시작도
작게 시작합니다.

세계에서 가장 지혜로웠다고 하는 솔로몬 왕은
'포도원을 허는 작은 여우'를 언급한 적이 있습니다.

'이렇게 작은 여우쯤이야,
곰도 아니고 늑대도 아닌 걸'이라는
작은 생각의 시작에 풍성한 포도원은 허물어지고
온갖 노력을 다한 열매들에 피해가 갑니다.
일주일을 계속하고, 한 달을 계속 하고, 일 년을 계속 하는
우리의 '아주 작은 일' 그리고 '작은 여우'는 무엇일까요?

2022년

여러분들의 '아주 작은 일'을 격려하고,
우리들의 '작은 여우'를 경계합니다.
너무 더운 여름이 오기 전 서로를 격려할 것과 경계할 것을
함께 살펴보고
행동하도록 해요.

에이블

2022년 5월 18일

난제를 풀기 위한
레버리지

▶ ▶ ▶ ▶

지난주 구성원 중 한 분이 OOO 대표님이 요청한
티타임을 할 때 들었다며 공유해 준 이야기가 있었습니다.

"MYSC의 유일한 포지션(투자+AC+컨설팅+OI 등)이
더 빛을 발하는 것 같다."
MYSC **3가지 레버리지**[*] (컨설팅, 액셀러레이팅, 투자) 엔진이

---

[*] 원래 컨설팅업, 스타트업 육성업(액셀러레이팅), 투자업은 각각 성격과 구조 그리고 산업을 지배하는 규칙이 너무 상이합니다. 컨설팅은 문제 정의와 가설을 잘 뽑는 것이 중요합니다. 액셀러레이팅은 가설검증을 돕고 필요한 자원과 재원을 기획하는 역량이 중요합니다. 투자는 산업과 비즈니스 모델에 대한 이해를 바탕으로 투자하고자 하는 기업이 투자를 통해 어떻게 성장할 수 있을지 돕고 또한 투자의 회수 전략을 짜는 것이 중요합니다. MYSC가 각기 다른 업의 특징을 가진 3가지 모두를 통합적으로 구사하는 이유는, 스타트업의 성장을 돕기 위해서는 기본적인 액셀러레이팅을 넘어서 때로는 컨설팅과 투자자로서의 역할도 필요하기 때문입니다. 이 세 가지의 역량을 한번에 구축하지는 못하기에 MYSC는 지난 10년간 컨설팅부

동시에 작동하는 것의 의미를
외부에서도 드디어 인식하기 시작했습니다.

3가지 영역 각자가 별도 고난이도의 영역이지만,
왜 3가지 영역을 연계하고 통합해야 하는지는
우리가 해결하고자 하는
사회 양극화 / 경제 불평등 / 기후 위기 등 3대 난제가
시스템 문제이기 때문입니다.

최고(Best)가 아니라 유일(Only)한 경지로 나아가는 것이
모든 차별화의 핵심입니다.

"MYSC가 최고의 포지션"이라는 이야기보다
"MYSC가 유일한 포지션"이라는 이야기가

터 시작해서, 액셀러레이팅 그리고 투자업에 대한 역량을 순차적으로 고도
화했습니다.

* 우리 시대가 직면하고, 선진국이든 개발도상국이든, 지역 또는 문화와 상
관없이 인류 전체에 무차별적으로 영향을 주는 문제 중 특히 사회 양극화,
경제 불평등, 기후 위기를 3대 난제(wicked problem)로 뽑아, MYSC는 이
를 해결하고자 도전하는 혁신가와 혁신 기업이 지치지 않도록 돕는 것을
미션으로 하고 있습니다. 이러한 문제들이 'wicked problem'이라고 불리는
이유는, 단순한 접근 그리고 빠른 해결이 가능하지 않고, 또한 해결 자체도
복합적인 접근과 장기적인 관점에서만 가능하기 때문입니다.

너무나 반가운 이유입니다.

Merry Here[*] 시대가 7월 곧 다가옵니다.

새로운 장소와 공간에서 새로운 사내기업가정신과
새로운 '성숙-성장-성과 시스템'을 살펴보고 있습니다.

새로운 지경은
과거에 잘했고, 익숙했던 문법, 효과적이었던 것에서
유효기간이 지난 것을 먼저 탈학습할 때 시작됩니다.

우리가 이제는 벗어야 할 그것은 무엇일까요?
어제의 솔루션이 미래의 문제가 되고,

---

[*] 메리히어는 MYSC가 지향하는 가치를 공간적으로 구현해 보고자 시도된 첫 번째 공유공간이자 사옥입니다. MYSC의 사무실 외에도 MYSC가 투자했거나 육성한 스타트업들도 함께 공간에 입주해 있습니다. 1층과 2층에는 유니크굿컴퍼니의 '리얼월드'(Realworld Seongsu)가 자리 잡고 있는데, 치밀하게 구현된 공간과 증강현실(AR)을 기반으로 인터랙티브 게임을 즐기는 방문객이 연 10만 명에 달할 정도로 핫한 장소이기도 합니다. 지하 1층에는 앞서 언급한 '스윔핏' 수영장이 들어서 있고, 청각장애인이 운전하는 '고요한택시' 등을 비롯한 7개 내외의 스타트업 및 사회혁신 기관들이 입주해 있습니다. 메리히어는 '임팩트 모델 하우스'라는 기능을 하는데, 이곳에서 다양한 임팩트 경험을 통해 다른 기관과 지역에도 이를 도입하도록 돕는 '모델 하우스' 역할을 하기 때문입니다. 다른 지역에서도 '메리히어' 버전을 만들고 싶다는 요청들이 계속되고 있어, 앞으로 다른 지역에 2호, 3호 메리히어가 나올 날도 멀지 않기를 기대하고 있습니다.

어제의 최적화가 미래의 불협화음이 될 수 있음을 생각하는
지혜가 가득한 2022년 여름을 기대해 봅니다.

모두 수고하셨습니다.
에이블

2022년 6월 20일

모두에게
친절해야 할 이유

▶ ▶ ▶ ▶

Be Kind,

for everyone you meet is

fighting a hard battle.

친절하라.

우리가 만나는 모든 사람은 모두

힘든 싸움을 하고 있다.

플라톤

▶ ▶ ▶ ▶

MYSC가 투자했던 스타트업에서 근무할 때

고민이 많았던 어떤 분을

상담 멘토링하면서 책을 추천한 적이 있습니다.

2022년

지난주에 오랜만에 만나서 이야기를 하는데, 대뜸
추천해 주었던『아직도 가야할 길』이라는
책이 자신의 평생 책이 되었다며 감사를 표했습니다.

첫 문장이 "인생은 고해(고난의 바다)다"로
시작되는 스캇 펙의『아직도 가야할 길』

그리고 오래 전에 봤었던 저 문구를
지난주에 다시 접하면서 다시금
이를 절실히 깨닫게 됩니다

우리 삶은 예측한 만큼 전개되지 않습니다.

경제활황을 생각하며 투자하지만….
커리어 목적을 가지고 준비하지만….
따뜻한 관계를 기대하며 교제하지만….
좋은 의도로 행동에 나서지만….

우리의 삶에는 변수와 불확실성과
자신의 뜻과 기대대로 되지 않는 일들이
너무 많습니다

결혼을 하면, 출산을 하면,
새로운 고객을 맡으면, 까다로운 파트너를 만나면

누군가 약속을 깨면, 예측했던 스케줄이 뒤엉키면,
아이가 갑자기 아프면, 가족이 병에 걸리면,
오해를 받으면, 코로나블루로 우울함이 증가하면

'Road less traveled'라고 불리는 아직도 가야할 길,

그 길을 걸어갈 때
우리가 서로에게 친절해야 할 이유는
우리 모두가 각자의 힘든 싸움을
하고 있는 중이기 때문입니다.

우리 각자 '친절'의 방식으로,
힘든 싸움을 하고 있는 서로의
동료들에게 응원하는 7월을 만들어 봐요.

고맙습니다
에이블

2022년 7월 20일

폐허 속에도
보물이

▶ ▶ ▶ ▶

Where there is a ruin,

There is a hope for treasure.

폐허 속에서만 보물은 발견된다

루미(13세기 이란의 신비주의자)

▶ ▶ ▶ ▶

토요일 오전 수영을 마치고
잠서 이디야카페에 가서 뉴욕타임즈를 읽는
잠시의 호사이자 리츄얼을 즐기는데,
지난주에는 탈레반 치하의 아프가니스탄
여성의 삶에 대한 기사를 읽었습니다.

지극히 평범한 꿈(의사, 변호사, 공무원 등)을 꾸며

당신은 어떤 월급을 받고 있나요

학교 공부를 하던 모든 여성의 중등교육이 금지되고,
가족 남성의 동행이 없이는 외출이 어려워
집에서 유폐된 듯 살아가는 여성들의 삶

그 암울한 시기를 경험하면서도
아프가니스탄 여성들의 이야기는 여전히
미래에 대한 희망으로 가득 차 있었습니다.
그 희망은 지금의 아프가니스탄 상황에서
더욱 빛나 보입니다.

굴곡, 낙담, 좌절과
예측 못한 외부의 변화로 경험하는 고통 등
우리의 경험은 우리에게
하나하나의 소중한 'ruin'을 삶에 각인시킵니다.

기사에서 인용된 '루미'라는 유명한 신비주의자는
그 'ruin'에서 시간이 흐르면 누구든지
'treasure'를 발견할 기회가 주어진다고 말합니다.

이 세상 곳곳마다 얼마나 많은 보물들이
아직도 발견되지 못한 채 숨겨져 있을까요?

어릴 적 아라비안나이트 동화책 등을 보며

2022년

땅 속에 숨겨진 보물을 볼 수 있는 초능력이 있다면
얼마나 좋을까 상상했던 때가 있습니다.

생각해 보니, 멀리 땅 속을 파헤쳐야 하거나
초능력이 필요한 건 아님을 깨닫습니다.
과거의 어느 순간, 어제도 오늘도 내게
알게 모르게 다가온 내면의 '폐허(ruin)' 속에서
'보물(treasure)'을 발견할 수 있을 테니까요.

내 안에 이미 존재하고, 존재할
'보물(treasure)'들을 꺼내어 차곡차곡 쌓아가는
보배로운 여러분들의 탐험을 축복합니다.

에이블

2022년 8월 19일

하나의 문이 닫히면
다른 문이 열린다

▶ ▶ ▶ ▶

새옹지마[*] (塞翁之馬)

▶ ▶ ▶ ▶

제가 무척 좋아하는 사자성어입니다.

[*] 이 사자성어는 '새옹'이란 이름의 노인과 마을 사람들의 대화 이야기와 관련되어 있습니다. 새옹이 키우던 말이 변방으로 달아나자 주변 사람들은 '불행한 일이다'라고 말합니다. 새옹은 '이 일이 좋은 일이 될지 누가 알겠는가?'라고 말하는데, 얼마 후 그 말은 변방의 다른 말 한 마리를 데리고 돌아옵니다. 주변 사람들은 새옹에게 축하의 말을 전하는데, 새옹은 '이 일이 나쁜 일이 될지 어찌 알겠는가'라고 말합니다. 이런 식으로 몇 번에 걸쳐 나쁜 일이 좋은 일의 원인이 되고, 좋은 일이 다시 나쁜 일의 계기가 되면서 '좋은 일과 나쁜 일은 변화가 많아서 예측하기 어렵다'라는 지혜를 우리에게 전달합니다. 이 일화와 같이 변화무쌍한 변수들이 지배하는 창업의 길에서 창업가들과 창업팀이 너무 들뜨지도 않고 너무 낙담하지도 않기를 기원합니다.

2022년

기쁜 일이든 나쁜 일이든 우리에게 다가오는 모든 것들이
우리 삶에 어떤 영향을 끼칠지
크고 깊게 생각할 수 있는 지혜를 주는 사자성어입니다.

하나의 문이 열리면 그 문 너머의 것들이 보이고,
하나의 문이 닫히면 다른 문들이 보이기 시작합니다.
지금 여러분들은 새옹지마의 어떤 단계일까요?

새로운 말이 다가왔을 수도 있고,
말을 타다가 떨어져 다쳤을 수도 있습니다.

지혜는 그 현상에만 집중하는 것이 아니라,
흐름을 보고 넓은 시야를 가지며
우리에게 새로운 깨달음을 제공합니다

가을의 초입,
새옹지마의 지혜를 모두 만끽하시길 기도드립니다

에이블

탁월한 성과에 기여하는
3가지 자본

▶ ▶ ▶ ▶

"회사 일은 재능으로 하는 게 아니다."

주변에서 똑똑한 사람들을 정말 많이 보았고 만났지만
탁월한 사람이 똑똑함에서 비롯되지 않음은
명확합니다.

서울대 강성춘 교수는 탁월한 성과 관련한
3가지 원천에 주목하는데
개인이 지닌 지식과 역량 등 '인적 자본',
타인의 지식과 역량을 활용하는 '사회적 자본',
속한 조직의 브랜드, 문화, 무형자산을 활용하는
'조직 자본' 등이 포함됩니다.

탁월한 성과를 구성하는 3가지 원천의
비율은 대략 어떻게 될까요?

2022년

연구 결과 인적자본은 30%에 불과하고
나머지는 모두 사회적 자본과 조직 자본의
덕을 보는 것이라고 합니다.

만약 여러분이 동료들의 성장에 기여하지 않고,
동료들과의 관계 형성과 상호작용에
관심이 없다면 동료들이 가진 지식과
역량이라는 '사회적 자본' 없이
고군분투해야 합니다.

만약 여러분이 개인의 성장을 지지하고
인격적인 관계와 성숙을 기대하는 조직에서 일하지 않고,
그러한 문화의 보이지 않는 힘을 얻지 못한다면
'조직 자본' 없이 악전고투해야 합니다.

MYSC에서 사내기업가란,
이러한 '사회적 자본'과 '조직 자본'의 가치를 인식하고,
이를 당연하게 여기지 않고
함께 사회적 자본과 조직 자본이
풍성해지도록 돕는 사람을 뜻합니다.

▶ ▶ ▶ ▶

여러분은 역량의 30%만 쓰고 있나요?
아니면 사회적 자본과 조직 자본을
충분히 활용하고 있나요?

성과의 출처를 인식하는 메타인지가 있을 때
개인은 겸손할 수 있고, 타인을 배려하며
함께 성장하는 것이 나의 성장임을 깨닫습니다.

가을입니다.
우리의 보이지 않는 70%의 무형자산을
더욱 소중하고, 세심하게 가꾸겠습니다.
함께해요.

김정태 드림

2022년 10월 20일

제도보다 더욱 중요한 문화

▶ ▶ ▶ ▶

"모래알 조직? 정기적인 직원 재교육 부재

직원이 일회용 부품화-배터리화

직원은 조직생활을 0에서 시작함에 따라 쉽게 번아웃"

"대체로 서울대 출신. 동등 대화X,

간단한 일도 내가 판단 못함, 주말도 없이 매일 출근, 야근"

▶ ▶ ▶ ▶

65:1의 경쟁률을 뚫고 7급 외무영사직으로 입사한
한 외교관이 생전에 남긴 기록 중 일부입니다.

지방대 출신이라는 세간의 평가, 업무를 시작하고
누구 하나 세심하게 어떻게 하는지 알려주지 않아,

누구에게 도와달라 말도 못했다는 이 여성외교관은
본국에 남편을 두고 타지에서 삶을 마감했습니다.

공공기관, 대기업 등은 관리 시스템이 무척
체계적인 것으로 알려져 있습니다.
정확한 업무 분장 및 명확한 시스템은
개인과 팀이 안전과 안정 그리고 팀을
이루도록 의도되었을 것입니다.

하지만 불합리한 차별과
눈에 보이지 않는 배제가 시작되고,
그 누구도 관심을 가져주지 않을 때
시스템은 아무런 도움도 되지 못했습니다.

우리가 어떤 문제에 직면할 때 자연스럽게
우리는 시스템을 생각하고,
담당자를 선정하고, 규칙을 만듭니다.

그리고 이들이 문제들로부터
우리를 구원할 것이라 믿습니다.

정말 이들이 우리의 구원자일까요?

앞서와 같은 차별과 무시,

2022년

각자도생의 경쟁과 비교가 되풀이되지 않기 위해
시스템과 담당자, 규칙이 형성되기 전
우리가 해야 할, 바꿔야 할, 선택해야 할
행동과 태도는 무엇일까요?

바로 인간으로서의 존중과 서로를
인격체로서 존귀하게 여기는 것입니다.

앞으로 MYSC의 구조개편과
여러 도전들을 하게 될 때
핵심이 될 부분도 바로 이 부분입니다.

자율적이며 책임을 다하고
개인의 성장과 타인의 성장을 모두 도모하는,
어른으로서의 인격을 갖추어
다른 이를 빛나게 하는 존재

사내기업가정신 2.0은
시스템이나 규칙이 아니라
우리의 행동과 태도를 통해
드러나게 되는 '문화'가 될 것입니다.

2022년 11월 21일

올바른 투자는
비인기 스포츠와 같다

▶ ▶ ▶ ▶

콜린스 사전이 뽑은 2022년 올해의 단어
'항구적인 위기(Permacrisis)'

우리 사회가 직면한 거시경제뿐 아니라
이전의 문법과 관습으로는 이해하기 어려운
우리 삶의 구석구석 '위기의 일상화'가
만연한 요즘입니다.

창업 스타트업 현장,
소셜섹터와 지속가능성 분야
모두 영구적 위기(Permacrisis)의
전례 없는 영향에
누군가는 위기를
누군가는 기회를 경험합니다.

2022년

올해 MYSC는 여러분과 함께 작년부터 가졌던 새로운 가설을
시도해 보기도 하고, 몇 년간 이어왔던
친숙한 가설과 시도들도 탈학습하며
2023년에 적합한 멘탈모델을
업데이트하는 중입니다.

50명이 넘는 조직에서,
서울과 지역 그리고 글로벌로 확장하며,
어느 때보다 높아진 고객의 요구,
투자한 곳들의 청산과 폐업,
업무 난이도의 상승 그리고
사내기업가 육성에 걸리는
절대적인 시간의 증가 등

과거에 유효했던 것이
이제는 오답이 되고,
현재는 낯설고 어색한 것이
미래에 유효하게 되는
전환의 시기를 경험하고 있습니다.

"올바른 투자는 비인기 스포츠와 같다."

더 퀘스트, 『노마드 투자자 서한』

소셜섹터 그리고 우리가 해결하고자 하는
사회 양극화, 경제 불평등, 기후 위기 등은
아직 우리 사회에 '비인기 스포츠'입니다.

이 종목에서 우리에게 필요한 것은,
세상이 쉽게 바뀔 것이라는 낙관보다는
세상이 쉽지 않다는 비관적 인식에 더해
세상은 바뀔 수 있다는 인내심입니다.

2023년, 여러 객관적 지표는
우리가 살아갈 새로운 한 해가 올해보다
더 어려울 확률이 높다고 말합니다.

그 어느 때보다도 지루함을 통과하고,
단조로움과 변화가 느껴지지 않는다는
내적 갈등과도 맞서며,
우리가 가진 최대한의 '인내'를 발휘하여
앞으로 길게 펼쳐질 '영구적 위기(Permacrisis)' 앞에

더없이 소중해질 인내심이라는
최고의 회복탄력성과 역량을 확보하는
한 해가 되기를 소망합니다.

2022년

2022년 한 해 여러분과 함께할 수 있어
후회 없는 게임이었습니다.
수고 많으셨습니다.

2023년 새로운 게임을
다시 시작해 봐요.

에이블

2022년 12월 20일

2022년,
어떤 열매를 맺었을까?

▶ ▶ ▶ ▶

새로운 사옥에 담긴 에너지가 충만해서일까? 설립 이래 처음으로 연 매출 약 100억 원을 달성했고, 순이익 18억 원을 기록하며 2015년 이후 당기순이익 흑자를 지속했다. 2022년까지 이어진 10년간의 축적된 경험을 토대로 회사가 실험해 온 많은 조직적 가설들이 입증됨을 경험하기도 했다. 이러한 가설 중에는 '사업'을 키우기 전에 '비즈니스모델'을 키우고, 비즈니스모델을 키우기 전에 '사람'을 키우는 것이 장기적으로 더 중요하다는 관점이 포함되어 있다.

전년도의 투자 관련한 많은 준비에 힘입어 2022년에만 총 5개의 신규 펀드를 결성하였고 총 330억 원 이상의 신규 운용자산(AUM)을 추가했다. 막 시작된 글로벌 침체와 VC투자 빙하기에 앞서 선제적인 준비였다. 한 해 동안 35건, 총 93억 원 규모의 투자를 집행했다. 연 단위 기준 자체 역대 최다, 최고 금액을 갱신하며 누적 투자 건수가 100개를 넘어섰다.

60명을 넘어선 MYSC는 과거의 다른 실험과 혁신을 해야 할 한 해였다. 내부에 6개의 사내벤처그룹(Company-in-Company)을 런칭하며 기존 사업과 결이 다른 기회를 모색하기 시작했고, 과거 국내 중심의 사업을 글로벌로 확장하여 향후 사업 비중을 국내와 글로벌이 50:50이 되도록 하는 이니셔티브를 시작했다. 덕분에 업무의 많은 부분에 영어 사용이 대폭 증가하기

2023년은
어떤
해였을까?

시작했다.

그동안 신입직원-경력직원 중심의 채용에서 벗어나, 중장년-시니어 채용을 시작하며 '다양성 보너스(Diversity Bonus)'를 축적하기 시작했다. 서울 중심의 채용 역시 지역 상주 기반의 채용으로 확대해서 대구에 상주하며 원격 근무하는 두 명의 채용을 완료했다. 이러한 큰 틀의 변화를 '무한게임(The Infinite Game)'이라고 이름 짓고, 2023년을 그 첫해로 삼았다.

무한게임을
시작하며

▶ ▶ ▶ ▶ ▶

올바른 투자는 비인기 스포츠와 같습니다

(Good investing is a minority sport).

즉, 다른 사람보다 좋은 투자 실적을 내려면 군중과

다른 행동을 해야 한다는 뜻입니다.

군중에게는 없는 것이 바로 인내심입니다.

더퀘스트, 『노마드 투자자 서한』[*]

---

[*] '시간을 자본으로 바꾸는 장기 퀄리티 투자 원칙과 지혜'라는 부제가 달린
『노마드 투자자 서한』(더퀘스트)은 13년간 누적 921%라는 경이적인 수익
률을 올린 가치투자자 닉 슬립과 콰이스 자카리아가 자신들의 펀드에 출
자한 투자자들에게 정기적으로 공유한 리포트를 모은 책입니다. MYSC가
지향하는 임팩트투자의 성격 중 장기적 투자 관점과 유사합니다. 이 책은
무엇보다 투자란 수익률을 추종하고 수익률을 관리하는 것이 아니라 투자
자 자신의 철학이 무엇인지를 따라가며 투자자로서 조급함을 버리고 외부
환경에 휘둘리지 않도록 하는 것이 중요함을 강조하는데, 투자에 관심있는
분들이라면 분명 흥미로운 사례들을 발견할 수 있을 겁니다.

▷ ▷ ▷ ▷

최근 500페이지가 넘는 이 책을 가방에 넣어 다니며
하루에 1페이지라도 지하철을 이동할 때 읽다 보니
2/3까지 읽을 수 있었습니다.

좋은 투자란 좋은 인생을 닮아 있습니다.
그리고 좋은 투자란 비인기 스포츠와 비슷하다고 합니다.
관중이 없어도, 막대한 스폰서십이 없더라도
내 철학과 기준을 따라 꾸준히 하는 투자가
결국 수익률도 좋을 확률이 높습니다.

인기 스포츠가 되는 순간,
보이고 싶어하는 유혹,
인기가 내 실력이라고 믿게 되는 유혹,
그리고 하루하루의 땀과 성실한 연습 대신,
화려한 스포트라이트와 주변의 고급진 대우에
익숙해질 무렵이 가장 위험한 순간입니다.

소셜섹터나 임팩트 분야가 부띠끄이자,
소수파 영역이었을 때와
이제 주목을 받고, 주류와의 접점이 늘어나는 지금,

저는 다시금 '비인기 스포츠'를 생각해 봅니다.

종종 지루함과 따분함 속에서도
칭찬과 인정이 자주 없어도,
사회혁신과 임팩트, 지속가능성 영역에
나는 다른 행동을 할 수 있는가?
'군중'에게는 없는 인내심을 고수할 수 있는가?

현재 MYSC 사내기업가분들과
수퍼비전(The Supervision)이 많은 시간 합동으로
작성하고 정성스레 만든 **Mission Request***를
전달하는 과정에 있습니다.

작년과 달리,
개별 사업에 대한 담당 요청이 아니라

---

* 앞서 설명한 바 있는 수퍼비전은 개별 구성원을 대상으로 연초에 작성
해서 자세한 설명과 함께 전달하는 공식 문서입니다. Message, Misson,
Mindful이란 세 가지 부문으로 구성되며, Message는 개인에게 전달되는 메
시지, Mission은 회사의 미션을 위해 한 해 동안 개인에게 요청되는 예상 과
업의 범위들 그리고 Mindful은 직전 년도 및 동료로부터 받은 피드백을 바
탕으로 개인의 특별한 관심을 요청하는 부분들이 기록되어 있습니다. 개인
별로 약 1시간 내에서 Mission Request가 전달되며, 이 시간을 통해 개별 구
성원은 수퍼비전과 함께 새로운 한 해를 예측하고 회사의 방향과 개인의
업무를 연결하는 특별한 시간을 가지게 됩니다.

Mission에 대한 참여 요청입니다.

세상의 모든 Mission을 달성하고
지켜왔던 사람들의 공통점에도
'인내심'이 있습니다.

유난히 길어질 올해의 **무한게임**(Infinite Game)[*]에서
인내심을 길잡이 삼아 우리의 Mission 여정을
멋지게 완수해 봐요.

여러분의 인격을 존경합니다.
감사합니다.

에이블

2023년 1월 20일

---

[*] 앞서 언급한 바 있는 사이먼 시넥(Simon Sinek)이 쓴 책에서 개념을 가져왔습니다. 『인피니트 게임: 세상에 없던 판도를 만든 사람들의 5가지 무한 원칙』(원제: The Infinite Game)은 비즈니스에서 실패란 특정한 사업의 실패 때문이 아니라 그 게임을 더 이상 지속할 의지나 자원, 전략이 없어 그만둘 때라고 말합니다. 즉, 비즈니스에서 진정한 승자란 끝까지 버티고 지속하는 플레이어라는 관점에서 '무한게임'이란 흥미로운 경영 전략이 존재합니다. 사이먼 시넥의 더욱 흥미로운 이야기는 조선일보 '김지수의 인터스텔라'에서 다룬 〈"한번 1등으로 끝나지 않아, 기업도 인생도… '무한게임' 하라" 사이먼 시넥〉(2022년 8월 6일) 인터뷰 기사를 검색해 읽어 보길 추천합니다.

핵심은 오히려
간결할 수 있다

▶ ▶ ▶ ▶

"듣는 사람, 보고 받는 사람 입장에서 이게 이해가 될까요?
이미지, 복잡한 도표 다 빼고 진짜 핵심
문장들로만 1페이지 가져오는 게
필요해요."

▶ ▶ ▶ ▶

오늘 조찬 미팅에서 '배달의민족' 한명수 이사님을 뵙는데,
이사님의 주된 역할이 사내에서
위와 같은 피드백을 끊임없이 주는 것이라고 합니다.

저도 그 부분에 무척 공감해서
명료한 생각과 소통이란 무엇인가에 대해
둘이서 경험과 인사이트를 나눴습니다.

가끔 우리가 누군가의 발표를 들을 때
저 사람은 자신이 무엇을 말하려는지도
모르고 발표하는 것처럼 느끼거나,

누군가가 어떤 요청을 할 때
본인이 진짜 원하는 것이 무엇인지를
모르고 말한다고 느낄 때가 있을 겁니다.

또한 한 이사님이 신기하게 관찰한 것은
이야기를 할 때 '주어'가 없이
쓰는 표현들이 미팅에서도 많다는 것입니다.

어떤 이야기를 할 때
내 의견은 무엇이고,
내가 생각하는 아이디어와 대안은
무엇인지를 빼고 이야기하면,

그래서 '무슨 이야기를 하고 싶은데?'
라는 느낌이 들 수밖에 없습니다.

이럴 때 저와 한 이사님이
동일하게 동의한 좋은 방법은
다음과 같았습니다.

2023년

'PPT든 워드 문서든 기획안을 만들기 전
딱 1장만 주어가 있는 완결된 문장들로
논리의 흐름을 가지고 써보기'

배민에서 크리에이티브를 총괄하는 이사님도 동의하는 것은
'혁신'과 '창의'는
본인만이 아니라,
상대방도 동의해야 '혁신'과 '창의'라는 점입니다.

컨셉을 기획할 때, 기획안을 시작할 때,
또는 어떤 문제로 씨름을 할 때,
빈 문서를 하나 열어 놓고,
그곳에 '핵심'을 써내려 가보면 어떨까요?

가장 기본적인 것이 기본적으로 준비될 때
그때 창의와 혁신이 시작되는 안전지대가 됩니다.

2023년의 본격적인 봄, 3월이 시작됩니다.
우리의 기본이 빛을 발하는 멋진 3월이
기대됩니다.

에이블

2023년 2월 20일

지속가능성에 대한 거품을 벗겨내며

▶ ▶ ▶ ▶

"소설 한두 편 써내는 건 그다지 어렵지 않아요.

그러나 소설을 오래 지속적으로 써내는 것,

소설로 먹고사는 것, 소설가로서 살아남는 것,

이건 지극히 어려운 일입니다.

보통 사람은 못할 짓, 이라고 말해 버려도 무방할지 모릅니다."

무라카미 하루키, 『직업으로서의 소설가』

▶ ▶ ▶ ▶

얼마 전

'사회에 기여하며 커리어도 이어 나갈 수 있나요?' [*] 란

---

[*]   미디어 혁신 스타트업인 '얼룩소(alookso)' 플랫폼에 쓴 글입니다. 위 제목
    의 글은 여기에서 찾아볼 수 있습니다: https://alook.so/posts/Djtlljm '얼룩
    소'는 글쓴이의 글을 더 많은 사람들이 읽을수록 일종의 배당금에 해당하

제목의 원고를 요청받아 주말에 글을 써서 보냈습니다.

지난 10년을 돌아보니,
커리어를 시작하는 건 쉽지만
이러한 커리어를 지속하고,
먹고살고, 살아남는 것은 지극히 어렵다는 걸
깨달음과 동시에
그래서 이를 지속한다는 것만으로도
'이기는 게임'이 될 수 있음을 깨닫습니다.

'무한게임(The Infinite Game)' 시즌1이라는 주제로
2023년 첫해를 시작한 지 3개월이 지났습니다.

무한게임은 '게임을 계속하는 것' 자체가
게임의 규칙이자 '이기는 게임'을 할 수 있는
전제 조건이기도 합니다.

는 포인트를 제공하고 이를 이후에 현금화할 수 있습니다. 소정의 원고료
를 받고 끝나는 대다수의 미디어와 다르게, 어떤 콘텐츠가 인기가 많을수
록 그에 상응하는 보상을 글쓴이에게 제공한다는 점에서 독특한 모델입니
다. '얼룩소'의 제안을 받은 후, 그러한 매커니즘을 경험하기 위해 위의 첫
글을 쓰게 되었는데요, 해당 주의 '가장 많이 읽은 글'로도 선정되었고 이
로 인해 73만 포인트 이상을 받게 되었습니다. 자신만의 콘텐츠나 독특한
관점과 문제의식을 가지고 글을 써 보길 원한다면 한번 도전해 보길 추천
하고, 올려진 양질의 콘텐츠를 살펴보는 것도 좋습니다.

한 시대의 빛나는 스타였던 윤종신이
'월간 윤종신'을 통해 매월 치열하게
새로운 노래를 발표하는 이유는,
노래를 계속하는 것 자체가
일단 이기는 게임이기 때문입니다.

오래오래 준비해서 최고의 작품을
선보이겠다는 마음을 제치고,
매월, 매월 어쩌면 평균적이거나
흥행하지 못할 작품을 선보일 수 있다는
두려움을 벗어날 때에야
윤종신은 비로소 '직업으로서의 가수'의
길로 접어든 게 아닐까 합니다.

한때 반짝이는 스타처럼 떠올랐지만
대다수의 가수가 사라지게 되는 게임에서
'스타로서의 가수'가 아닌
'직업으로서의 가수'를 선택하는 그 마음!

직업으로서의 사회혁신가 역시,
매일, 매주, 매월, 매년
이토록 평범한 하루를 쭉 이어갈 수 있는 능력이

2023년

우리가 말하는 '지속가능성'이지 않을까 합니다.

지속할 수 있는 힘,
지속가능을 이루어 낼 수 있는 역량,
지속가능성(sustainability)
날씨가 어떻든, 컨디션이 어떻든
글을 쓰고, 노래를 부르며
이를 지속할 수 있다면,
그것은 지속가능성

어쩌면 우리는 '지속가능성'이란 말에 붙여진
거품을 제하고, 진짜 단순하고 명확한 이 질문을
우리에게 물어야 할지도 모릅니다.

지속가능성에 대해 말하는 것이 아닌,
지속가능성을 나는 실행하고 있나요?

봄이 왔습니다. 이 좋은 계절,
우리의 멋진 여정을 계속할 여러분들을
축복합니다.

에이블

2023년 3월 20일

Founder가
'동사'로 쓰일 때

▶ ▶ ▶ ▶

"파운더(founder)의 뜻이
명사와 동사 각각 어떻게 다른지 아세요?"

▶ ▶ ▶ ▶

얼마 전 뉴욕타임즈 기사를 읽다가
흥미롭게 'founder'라는 영어 단어가
명사가 아닌 '동사'로 쓰인 것을 보았습니다.

'창업가' 또는 '설립자'의 뜻을 가진 명사가
동사가 되면 아주 흥미로운 의미를 가집니다.

사전을 살펴보니 'founder' 동사의 뜻은
'실패하다', '좌절하다', '침몰하다'입니다.

스타트업의 창업가든 대표이든
사내기업가로서 새로운 시도를 해보는
여러분들이든 우리가 일상에서
시도하고 마주치는 현실을 보여주는 것일까요?

'린 스타트업'에서는 스타트업을
'엔진만 가지고 일단 이륙을 시도하고
비행 중에 나머지 모든 것을 준비하고
만들어야 하는 비행체'로 비유합니다.

기내 서비스는 커녕 근사한 좌석도 없고
그냥 엔진만 믿고 이륙했다고 상상해 보면
아찔합니다.

시작(founding)은 하지만
서서히 추락(침몰)하는 것이 고정된 운명인
스타트업의 현실이라는 것이죠.

한편, 바둑기사 이창호는
"실패란 승리를 위한 준비"라는
멋진 말을 남긴 바 있습니다.

따라서, 동사로서의 founder는

'승리를 위해 준비해 간다'는
뜻이 되기도 합니다.

작든 크든 우리가 경험하는
일상의 지속되는 어려움들,
실패들, 침몰과 좌절들,
그 경험은 '승리를 위한 준비'라고
희망을 가져 봅니다.

2023년은 무한게임(Infinite Game) 시즌1입니다.
게임을 지속해 가는 것이
게임의 규칙이고, 게임에서 이기는 전략이기도 합니다.
5월, 달라질 풍경과 에너지를
기대해 보세요.

감사합니다.
에이블

2023년 4월 20일

차선이 있어
최선을 기대합니다

▶ ▶ ▶ ▶ ▶

"힘들 수도 있죠. 그럴 땐 최악의 상황을 생각해 봐요.
그렇게 될 수도 있는데 그런 상황이 아닌 것만 해도
지금 상황이 나쁘지 않은 거니까요."

▶ ▶ ▶ ▶

어떤 사내기업가와 대화를 하다가 문득
'그래도 스트레스 받을 땐 어떻게 이를 관리하세요?'란
질문을 하자 받은 답변입니다.

닥칠 수 있는 최악의 상황을 고려하여
현재와 비교하는 '최악비용(Worst Cost)'이라는
흥미로운 개념이 생각났습니다.

최악의 경우 치루어야 할 대가나 비용, 고통과 비교할 때

지금이 현재의 최선이 됩니다.

연계된 개념에 기회비용(Opportunity Cost)과
시발비용(Emotional Cost)이 있겠네요.

기회비용의 정확한 개념은 다음과 같습니다.

'여러 대안들 중 하나의 대안을 선택할 때
선택하지 않은 옵션들, 즉 차선을 포기하는 비용'

여기에 시발비용은
'어떤 맥락의 감정에 따라 충동되어 치르게 되는
충동구매나 감정적인 결정의 비용'을 의미합니다.
기회비용이 너무나 클 때 생겨나는 비용이 되겠네요.

그러고 보면 3개의 비용을 하나의
스펙트럼에 놓아볼 수 있겠네요.

최악비용 – 시발비용 – 기회(차선)비용

최악의 상황이 아니고,
일시적 충동에 따라 부담할 대가도 없다면,
오늘도 최소한 '차선 이상'의 삶이라는
개런티를 가지고 우리는 하루를 시작합니다.

최근 읽었던 소설 『이토록 평범한 미래』가
생각나네요.

'가장 좋은 게 가장 나중에 온다고 상상하는 일이
현재를 어떻게 바꿔 놓는지'
차선은, 아직 최선이 아니라는 뜻이 아니라
차선이 있어야 우리는 최선의 희망을 가지고
차선이 주는 '이토록 평범한 미래'에
행복할 수 있을 테니까요!

5월, 싱그러운 햇살과
생동하는 계절의 에너지로
충전하는 시기가 되세요.

에이블

2023년 5월 19일

고인의 명복을
빕니다

▶ ▶ ▶ ▶

고 김정향 **제시키친**[*] 대표님 영정 앞에서
담담하게 묵념하려 했는데, 순간
속절없이 눈물이 와락 쏟아졌습니다.

MYSC 대표를 맡고서 회사 일로

---

[*]   제시키친은 고 김정향(제시 킴)이 설립한 소셜벤처였고 MYSC가 임팩트
투자를 진행한 곳이기도 합니다. 북한 양강도 혜산 출신 탈북민 여성 CEO
로서 제시 킴은 '음식으로 남과 북을 잇는다'는 컨셉으로 누구에게나 즐거
운 소재인 음식을 바탕으로 북한과 남한의 대화를 촉진하고 상호간의 이
해를 넓히고자 했습니다. 제시키친의 대표작은 '두부밥'이었습니다. 1990
년대 기근으로 북한의 '고난의 행군' 시절 북한 시민들이 배고픔을 면하기
위해 만든 요리법으로 세모 모양의 두부를 기름에 튀겨 칼집을 내고, 그 안
에 밥을 넣은 형태입니다. 처음 먹었던 '두부밥'이 너무 맛있어서 저희 가
족이 너무 좋아했던 음식이었습니다. 제시 킴의 안타까운 일에 대해서는
제가 기고한 칼럼 「어느 탈북민 창업자의 부고」(2023년 6월 26일자, 조선
일보 더나은미래)를 읽어 보길 추천합니다.

2023년

울었던 것은 이때가 처음인 것 같아요.

생사를 넘나드는, 국경을 넘어
미지의 세계로 뛰어드는 모험가정신도
탈북민으로서, 여성으로서 그리고 대표로서
직면한 더 큰 어려움과 모진 시련 앞에서는
우리가 상상할 수 없는 경험이
존재했을 거라고 추측만 가능합니다.

사회 양극화, 경제 불평등
그리고 기후 위기와 같은 세계 3대 난제를
보다 지속가능하고 혁신적으로 해결하기 위해
MYSC는 제시키친 대표님과 같은
창업가(팀)들이 지치지 않도록
컨설팅, 육성, 투자 등을 통해 전방위적으로
지원합니다.

무한게임을 지속해 가는 창업가(팀)들이
어떻게 하면 수많은 시행착오와 어려움 속에서도
극단적인 어려움에 봉착하지 않을 수 있을까요?
우리는 무엇을 놓쳤고, 앞으로 무엇을 해야 할까요?

또한 이러한 역할을 하는 우리 역시 지치지 않고

지속적으로 도움이 필요할 때

딱 필요한 도움이 되기 위해 어떻게 해야 할까요?

시간과 재원, 자원, 실력, 역량 등이 모두

연계된 질문이고, 이를 충분히 확보하지 않은 상황에서

누군가가 재원과 자원을

무한정 공급해 주는 것도 아니기에

우리는 이상을 지향하되,

현실을 충실히 살아가며 받게 되는

약간의 '배당금(dividend)'을 차곡차곡 모을

필요가 있습니다.

배당금이 특정 주주나 법인의 소유가 아니라,

제시키친과 같이

스스로 유무형 자산을 확보하기 어려운 곳들에까지

전달되고 공유되고 배분되도록 할 때

우리가 지향하는 **'이해관계자 자본주의**[*]

---

[*] '주주(shareholder)'가 기업의 주인이라는 관점의 '주주 자본주의 (shareholder capitalism)'와 비교되는 개념입니다. 이런 관점에서는 주주의 이익을 극대화하는 것이 기업의 목적을 실현하는 자연스러운 전략이 됩니다. 이해관계자 자본주의는 주주 외에도 구성원, 공급업자, 고객, 지역사회 그리고 더 넓게는 환경까지 포함해 기업의 가치 활동 과정에 관여하거나

2023년

(stakeholder capitalism)'는
진정 뿌리를 내리게 될 거라 믿습니다.

이러한 방향으로 오늘도
각자의 자리와 역할에서 소중한 '배당금'을
만들고 축적해 가는 여러분들께
먼저 감사의 마음을 전합니다.

감사합니다.
에이블

from Malaysia

2023년 6월 21일

영향을 주고받는 모든 관계자의 유익을 함께 추구하는 것이 궁극적으로
주주의 이익에도 부합한다고 보고 있습니다. 사회적기업 또는 소셜벤처라
불리는 유형의 스타트업은 이러한 이해관계자 중심의 비즈니스모델을 지
향하는 경향이 강합니다.

즐거운
인생

▶ ▶ ▶ ▶

"정상에 이르기까지 소요된 60일 동안

등반하기 적당한 맑은 날씨를 만난 날은

고작 5일에 불과했다.

그 외의 시간은 기다림의 시간이었다.

춥고 배고픈 나날이 이어졌다.

서른 살의 생일도 설동에서 맞았다.

내 인생의 최악의 시기였다."

이본 쉬나드, 『파타고니아 이야기』 '즐거운 인생' 중에서

▶ ▶ ▶ ▶

1968년 12월 이본 쉬나드는 3명의 친구들과

파타고니아 산맥의 영험스러운 피츠로이 등정을 시도합니다.

역사상 단 두 명만이 등정했다는

2023년

261

이 험난한 정상까지의 여정을 이본 쉬나드는
단연코 '인생 최악의 시기'라고 말합니다.

그런데, 무척 흥미로운 것은
이 산을 내려와 새롭게 설립한 의류회사 이름을
'파타고니아'라고 지었다는 부분입니다.

인생 최악의 경험을 한 공간이 어떻게
회사 이름이 될 수 있었을까요?

히피에 가까웠던 그가 사업가가 되기까지 여정이
예전에도 궁금했었는데, 얼마 전
파타고니아에서 출간한 『파타고니아 이야기』중
'즐거운 인생'이란 이본 쉬나드의 글에서
많은 궁금증들이 해소됐습니다.

사실 위의 인용구 바로 뒤에는 다음의 문장들이 뒤따릅니다.
"하지만 덕분에
역경을 딛고 일어서는 법을 배울 수 있었으므로
내 인생에서 최고의 시기라고도 할 수 있었다."

잠시 정상에 올라 호기롭게
'즐거운 인생이 최고(VIVA LOS FUN HOGS)'라는

현수막을 들고 사진을 찍은 이본 쉬나드와 그 친구들은
"힘든 등반 끝에 오른 정상에서 느끼는 승리감도 잠시뿐,
다시 내려가야 한다는 생각이 마음을 짓눌렀다.

다시 비바람이 불기 시작하면서
더없이 끔찍한 밤을 보내야 했다"고 기록합니다.

실제로 몇 달 전 등산을 가자는 서로가
"누구도 파타고니아로 향하는 여정이
각자의 인생에서 가장 중요한 여행이 되리라고는
생각하지 못했다"고 합니다.
하지만 등반 이후의
"그 경험을 통해 찌질했던 우리는 예상 밖의 운명과
마주하고 자선가로 거듭나게 되었다"고 이들은 회고합니다.

찌질한 이들을 바꾼 그것은 도대체 어떤 경험이었을까요?

이본 쉬나드는 '즐거운 인생'이란,
인생이 마냥 편하고 즐거운 상태가 아니라
내가 감사하게 느끼고
소중한 것을 사랑하는 것임을 깨달았습니다.

"무언가에 감사하는 마음이 깊어지면 사랑하게 된다.

그리고 사랑하게 되면

그것을 돌보고 보호하고 싶어지는 법이다."

이를 위해 이본 쉬나드는 '파타고니아'라는 사업을 선택합니다.

"지난 20년 동안 사업을 영위하면서

좌절감을 느낄 때마다 사업을 매각하고

자금을 확보하여 재단을 만들고, 그 재단을 통해

환경을 보호할 수 있는 방향으로

변화를 일으키는 방법에 대해 깊이 검토했다.

그런데 그때마다 회사를 계속 운영하면서

파타고니아가 책임을 다하는 비즈니스 모델로

자리매김하도록 만드는 것이

더 나은 전략이라는 결론을 내렸다."

자연보호를 위한 기업 경영과 비즈니스 수행,

그 험난한 여정과 좌절 속에서도

(마치 앞서의 피츠로이 등반 60일 중 등반에 적합한

맑은 날은 5일에 불과한 경험처럼) 그를 지탱한 것은

내가 감사하게 느끼고 사랑하는 게 무엇인지를 알고

그것에 뛰어든 것

즉, '즐거운 인생'을 놓치지 않았기 때문입니다.

▷ ▷ ▷ ▷

안식휴가를 시작한 오늘,
저는 2011년 MYSC에 입사해
2014년부터 CEO가 된 지 10년이 됐습니다.

그 여정을 잠시 돌아보니
제 인생의 '인생 최악의 경험들
(대체 왜 내가 이런 수모를, 이런 공격을, 이런 불안과 좌절을?)'도
이 시기에 가장 많았습니다.
10년의 CEO 경험에서 실제 즐거운 날은
60일 중 5일, 즉 10% 정도가 되었을까요?
나머지는 이본 쉬나드의 말처럼
"그 외의 시간은 기다림의 시간"이었습니다.

---

*   MYSC에서는 안식휴가를 개인 연차 외에 추가적으로 제공합니다. 3년, 5
     년이 될 때마다 각각 10일, 8년과 10년 차에는 각각 20일, 13년과 15년 차에
     는 각각 30일, 18년과 20년 차에 각각 40일의 유급휴가가 마련되어 있습니
     다. 안식휴가는 성경에서 유래된 것으로 7년마다 경작한 땅에서 농사를 쉬
     도록 하는 안식년(Sabbatical Year)에서 유래되었다고 합니다. 이 제도가 시
     작되고 저자인 저는 처음으로 밀린 안식휴가 일부를 사용했습니다.

2023년

지난 12년 이상 함께했고,
지금도 함께해 오는 사내기업가 여러분들과
비슷한 경험이지 않았을까요?

하지만 "역경을 딛고 일어서는 법"을
스스로 '찌질이들'라 생각했던 이본 쉬나드와 그 친구들이
배우고, '예상 밖의 운명'을 마주하고
그 도전을 '즐거운 인생'이라 부르며 나아갔던 것처럼
우리 역시 훗날 비슷한 이야기를 들려줄 수 있지 않을까요?

지구에 꼭 필요한 파타고니아처럼,
한국과 조금 더 나아가 동남아시아까지라도
꼭 그 존재와 역할이 필요한 MYSC가 되어 간다면,
이 역시 우리가 소중하게 여기고 사랑하는
'온전함의 회복' 메리 이어(Merry year)로 가는
'즐거운 인생'이 될 수 있지 않을까요?

이 특별한 여정에 함께하는,
그리고 함께 했던 모든 분들 존경합니다.
고맙습니다.

에이블

2023년 7월 20일

누가 성배에
신경을 쓸까

▶ ▶ ▶ ▶

"어느 산이든 안전한 때가 있고
엄청나게 위험할 때가 있습니다.
시기가 맞지 않았던 것뿐이죠. 실망했을 테죠.
하지만 이건 성배를 찾는 일과 같습니다.
누가 성배에 신경을 쓴답니까?
중요한 건 도전, 자신 안에서 일어나는 변화입니다."

이본 쉬나드, 파타고니아 창업자, 『지도 끝의 모험』에서 재인용

▶ ▶ ▶ ▶

회사의 미션과 비전,
우리가 기대하는 임팩트들,
액셀러레이팅 사업의 KPI 성과,

2023년

브랜딩 컨설팅의 목표,
임팩트투자를 통한 사회혁신,
그리고 개인의 커리어 목표 등등

이러한 모든 것들은
이본 쉬나드가 말한 '성배'와 같이,
소중한 목표이고 이것이 있기에
우리의 여정은 저 '산'에서 눈을 돌리지 않고,
'산'을 오르는 여정을 멈추지 않습니다.

그런데, "누가 성배에 신경을 쓴답니까?"
라는 호통에 정신이 번쩍 듭니다.

성배를 찾는 것은 우리에게 목표를
주기에 반드시 필요하지만,

한편으로 그 목표를 찾아가는 여정 속에
편한 의식과 공간을 벗어나는 도전들과
우리 안에 일어나는 변화에 집중하지 않는다면,
도대체 그 '성배'를 찾은 다음에는
어떤 일이, 무슨 일이 우리를 기다리고 있을까요?

주말 독서를 하다가 세계적인 심리학자이자

'몰입(flow)'으로 유명한 미하이 칙센트미하이가
자신의 삶을 돌아보며 한 이야기를 만났습니다.

> "삶을 돌아봤을 때 최고의 경험은,
> 산맥을 오르던 때에 한 것이었어요.
> 산을 오르면서, 정말로 어렵고 위험하지만
> 내가 할 수 있는 범위 내에 있는 일을
> 했을 때의 경험이요."

요한 하리, 『도둑맞은 집중력』에서 재인용

세계적인 대가 역시, 최고의 경험은
산의 정상에 올랐을 때가 아니었습니다.

바로 '산맥을 오르던 때',
산을 오르는 어렵고 위험한 도전 속에서도
자신 안에 일어나는 변화를 경험할 때였습니다.

산이 안전하든, 산이 위험하든,
때로는 불가피하게 정상을 포기하고
뒤로 물러서야 할 때이든,
운이 좋아 산 정상을 밟게 되든

그 성배를 찾아가는 여정 속에

2023년

나를 단련하고, 나를 고양시키며,
내게서 더 나은 나의 모습을
포기하지 않고 나아갈 때 우리는
그리고 성배를 찾는 여정 자체는
우리에게 곧 '성배'나 다름 없게 됩니다.

스타트업 멘토링 한 시간,
브랜딩을 위한 인터뷰 시간,
워크숍에 찾아온 참가자를 응대하기,
이메일 한 통 보내기

이 모두가 도전하거나
내 안에 변화를 시도하고 지켜볼 수 있는
성배를 찾는 여정입니다.

여러분들을 응원합니다.
에이블

2023년 8월 21일

주인에게
초대를 받는 방법

▶ ▶ ▶ ▶

"4시간 기차 타고 무작정 찾아갔어요.
당신 브랜드 스피커로 음악 듣고 싶어 왔다고 하니
'뭐 이런 괴짜가 다 있어?'라는 표정이었죠."

▶ ▶ ▶ ▶

오늘 소개를 받아 만난
한 라이프스타일 창업자가
어떻게 유니콘 스타트업 'Etsy' 창업자로서
엑시트를 하며 새롭게 창업한
럭셔리 오디오 브랜드의
한국 총판권을 받게 되었는지를
설명한 대목이었습니다.

2023년

연락도 없이, 소개도 없이 무작정
찾아간 뒤로도 음악이 듣고 싶을 때마다
방문했더니 미국, 런던 등 두세 곳밖에 없는
총판 라이센스를 받게 됩니다.

사업을 위한 사업이 아니라
취향과 라이프스타일이 일치하고
그 태도가 '친근하고 매력적'이니
사업 파트너로 적격이지 않았을까요?

내게 왜 이 기회가 필요한지를
설득하는 많은 방법이 있습니다.

많이 알려지지 않았고,
또 어려운 방법 중 하나는
앞서 창업자와 같이 '기회'에 집중하지 않고
오히려 그 '기회'를 가진 사람들과
자연스럽게 친구가 되는 방법입니다.

너무나 멋진 어떤 저택에 가보기 위해서는
저택에 들어갈 방법을 고민하기보단
그 저택의 주인과 친구가 되어
주인에게 초대를 받는 것이

가장 지속가능한 방법입니다.

그런 태도라면 어떤 저택이든,
어떤 기회든 유사한 기회들이
계속 초대하게 될 거니까요.

그 브랜드의 총판권을 원하나요?
아니면 그 브랜드 오디오의 음악을
듣고 싶나요?

같아 보이는 이 질문의 차이가
많은 것을 다르게 바꿉니다.

가을비가 촉촉히 내리는 오늘 하루,
여러분들도 더 좋은 질문을
선택하길 바랍니다.

에이블

2023년 9월 20일

초기 미국 자동차 회사 중
누가 이겼을까

▶ ▶ ▶ ▶ ▶

'산업수명주기(Industry life cycle)의 시작 단계에서는

product innovation을 하는 곳이 강세이지만,

중반 이후부터는

결국 process innovation을 장악한 곳이 살아남는다.'

클레퍼(Joerg Klepper) 교수, 『산업수명주기론』 중에서

▶ ▶ ▶ ▶

신사업의 시작과 성장 그리고

기업의 진입(entry)과 퇴출(exit),

생존(firm survival), 혁신(innovation) 등을 연구한

유명한 클레퍼(Joerg Klepper) 교수의

산업수명주기론의 핵심입니다.

특히 시장이 새롭게 형성되는 초기 단계에서
기존에 어떤 경험을 가지고 산업에 진입할 때
생존력과 경쟁력이 더 높은지에 대한
종속변수–독립변수 연구결과는 process innovation의
유무가 유의미하게 높게 나오고 있습니다.

이 연구결과는 '1885년~1981년
미국 초기 자동차 산업수명주기'에서
어떤 플레이어들이 가장 생존력이 높았으며,
그에 따라 더 혁신할 수 있었는지에 대한
또 다른 연구결과(Glenn R. Carroll, 1996)와 일맥상통합니다.

핵심엔진 기술업체, 마차 제조업체, 자전거 제조업체 등에서
가장 생존력이 높았던 곳의 순서는
마차 제조업체와 자전거 제조업체였습니다.

자동차라는 신산업 분야와 유사한 프레임과
모빌리티라는 '프로세스 혁신(process innovation)'을
장악한 곳들이기 때문입니다.

process innovation은
좁게는 '보이지 않는 무형의 업무 프로세스',
광범위하게는 '일하는 방식의 혁신'을 의미합니다.

MYSC는 설립 이후 꾸준히
product innovation에 대한 유혹보다는
우리가 어떤 product/service를 요청받고 만들게 되더라도,
근본적으로 적용되는 '일하는 방식의 혁신' 즉,
process innovation에 집중해 왔습니다.

대기업에서 몇 개월 동안 MYSC에 파견을 보내
일하는 방식을 배우게 하고 싶다는 요청을 받는 것도,
외부에서 MYSC 사내기업가들을 볼 때
'일하는 자세와 방식' 자체가 다르다며 감탄하는 것도,
우리가 집중해 온 process innovation 덕분입니다.

임팩트 관련 여러 신산업들이 시작되고 확산되는 요즘
'프로세스 혁신'을 장악한 곳의 경쟁력은
비교 불가할 만큼 강력할 수 있습니다.

마차 제조업체나 자전거 제조업체가
제조와 제작이라는 오퍼레이션을 지겨워하지 않고,
떠나고 싶은 유혹에 굴복하지 않고 process를 장악했고
집중했을 때 이들에겐 '지속가능한 경쟁력'이 높아졌습니다.

MYSC의 process innovation은 계속됩니다.
2024년을 위한 process re-design이 시작되었습니다.

강력한 process innovation 위에 우리의 product/service는
앞으로 더욱 기대될 수밖에 없습니다.

기대해 주세요.
감사합니다.

에이블

2023년 10월 20일

멜론에서 성공한
작사가들의 비밀

▶ ▶ ▶ ▶

'커리어 초반의 성공 요인과

커리어 중반의 성공 요인은 다른데

이를 놓치면 결국 '생존의 덫'(Survival Trap)에

갇히게 된다.'

이영훈(2022) 외, 『Administrative Science Quarterly』, "Escaping the Survival Trap"

▶ ▶ ▶ ▶

주말에 흥미로운 경영 논문을 읽게 되었습니다.

저도 매일 이용하는 음악 청취 사이트 '멜론'에서

2000년~2012년 발표된 곡들의 작사가(songwriter)를

분석해서 경력 초기(early-career) 작사가의

성공요인이 무엇인지를 분석한 논문입니다.

분석에 따르면 평균적으로 매월
2,050개의 새로운 곡이 멜론에 데뷔합니다.
이중 매월 발표되는 TOP100 차트에 들어갈
확률은 4.1%에 불과하고, 작사가가 TOP100에
들어갈 확률은 14.5%입니다.

흥미로운 것은 14.5%에 속하기까지
작사가가 감내해야 할 실패한
곡들이 평균 15곡이라는 점입니다.
즉, 16번째 곡이 성공하는 게 평균이라는 뜻입니다.

성공하기까지 일단 생존하고
버티는 것이 중요함을 알 수 있습니다.

첫 곡을 데뷔한 뒤 3년간 단 한 곡도
추가하지 못한 작사가가 24%이고
이런 경우 대부분은 작사가로의
커리어가 중단된다고 합니다.

논문이 밝혀낸 인사이트는 다음과 같습니다.

첫째, TOP100에 들어간 작사가와
그렇지 못한 작사가의 차이점 중의 하나는

2023년

작사가가 자신의 취향과 음악적 스타일을
고수했는지 여부입니다.

자신의 취향과 음악적 스타일을 과감하게
벗어날수록 성공할 확률이 높습니다.
시장과 청취자가 원하는 것이 무엇인지가
더 중요하기 때문입니다.
논문은 이에 대해 '집중된 정체성(a focused identity)'을
벗어나야 한다고 조언합니다.

두 번째 차이는 자신의 친숙한 네트워크 내에서만
협업하는 것과
자신이 친숙하지 않고 아는 사람이 없는 네트워크들과
적극적으로 접점을 늘리는 여부에 있습니다.

TOP100에 진입한 무명의 작사가는
대부분 자신에게 익숙한 네트워크에서만 머물지 않고
자신과 익숙하지 않는 작사가, 프로듀서 등과의
협업 기회를 적극 시도하고 횟수를 늘려 나갔습니다.

이러한 두 가지 부분에서 차이를 보이지 않은 작사가들은
생존은 하더라도 그 이상을 넘는 커리어 발전은 중단되는
'생존의 덫(Survival Trap)'에 걸리게 됩니다.

이 논문의 인사이트는 무엇일까요?

흥미롭게도 『에고라는 적』의 내용과
흡사합니다.

중요한 사람이 될 것인가?
중요한 일을 할 것인가?

사회혁신의 길에서 우리가 피할
'생존의 덫'은 무엇일까요?

11월 한 달 수고 많으셨습니다.

에이블

2023년 11월 20일

일탈해야
달라진다

▶ ▶ ▶ ▶ ▶

"Excellent!

This is what I want you

all to do in your presentation next time.

Boxes and arrows"

서울대학교 경영대학원 비즈니스 경영전략 수업 중 교수님의 코멘트

▶ ▶ ▶ ▶

지난 14주 동안 매주 4편의 경영전략 영어 논문을 읽으며
총 56편의 주옥 같은 인사이트를 얻었습니다.

서로 소개를 해보니 30여 명의 석 · 박사 수강생 중
환경대학원 소속인 저를 제외하고
모두가 경영대학원 소속임을 알게 되었습니다.

다수가 이전에 연계 과목을 들어 배경 지식이 있었고
'경영전략' 전공이기에 논문과 토론에 익숙해 보였습니다.

어떻게 해야 '생존'할까 생각하며 유독 눈에 띄던 차에
'계속 다르게 하자'는 전략을 취해야겠다고 생각했습니다.

첫 번째 수업을 마치고 두 번째 수업부터 시작되는
논문 요약 및 개인 인사이트 발표자에 자원해 달라고
교수님이 말씀합니다.
한국에서는 흔한 풍경이 시작됩니다.
침묵과 기다림

제가 번쩍 손을 들고 자원합니다.
뒤이어 3명이 간신히 채워졌습니다.
어차피 누구나 2번 이상을 발표해야 하는데
처음 발표자는 '수업' 맥락에서 유리합니다.
교수님이 더 주목하게 되니까요.

제게 배정된 '기관투자자의 activism이
기업 구성원의 건강과 정신에 끼치는 영향' 관련 논문의
발표 준비 과정은 매우 힘이 들었습니다.

정량적 데이터 통계분석 결과를 바탕으로

독립변수, 종속변수, 매개변수, 조정변수 등으로 구성된

가설(hypotheais)들의 유효성과 한계

그리고 논증의 밀도, 비판, 의미 등을

영어로 발표해야 했습니다.

경영전략 석·박사를 하는 분들에게는 익숙해도

제게는 아직 낯선 부분을 제게 익숙하지 않은 방식으로

준비해 발표하게 된다는 건

'이기는 게임'이 아닐 것 같았습니다.

과감하게 '박스'와 '화살표'를 그려 놓고,

간단하게 어떤 독립변수가 어떤 종속변수에

어떤 영향과 관계를 갖는지

긍정적 관계면 +, 부정적 관계면 −를 표기했습니다.

논문 저자가 주장하는 4개의 가설들을

크게 만들어 발표자료를 마무리했습니다.

너무 간단하게 해서 성의가 없을까

걱정이 될 정도였습니다.

발표를 하는데

'박스'와 '화살표' 슬라이드에서

교수님은 잠시 발표를 중단해 달라 하셨습니다.

세 차례 이상 'excellent'를 언급하시며
"이게 제가 여러분들이 따라하면 좋겠다고
생각하는 방식이에요.
군더더기 없이 가설의 핵심을 말하고
이렇게 표현해야 합니다."라고 강조하셨습니다.

그 이후로 모든 학생들은 논문 발표 시
제가 처음 시작한 '박스', '화살표', (+), (−)와 같은
간단하지만 강력한 시각적 도구로
기존의 빽빽한 수식과 내용들을
대체하기 시작했습니다.

'다르다'는 것은 더 많이 알거나
더 깊은 지식이 있어야만 가능한 건 아닙니다.
때로는 해당 분야에 낯설거나
처음 진입해 비주류일 때
더욱 다르게 선택하고 행동하는 것이 가능합니다.

지배적인 문법(conformity)을 자동적으로 따르는 것을
잠시 멈추고, 다른 방법은 없을지
우리가 당면한 모든 것을 본질적으로 캐물어 봅니다.

지난 SOCAP2024에서 이런 모습의 우리들을

2023년

그래서 'deviant(일탈, 괴짜, 평균과 주류 이탈자)'라고
불러야 한다고 말했습니다.

사내기업가의 여정에 있는 여러분들은 이미 다르긴 합니다.
소중한 한 해가 마무리되고,
새로운 한 해로 달라지는 이때
여러분들과 '다르다'를 다시금
생각해 봅니다.

일탈(deviant)이 평균(average)이 되고
다시 기본(norm)이 되는 것,
우리가 이곳 임팩트 섹터에서
만들고자 하는 '다름'입니다.

그때가 여러분 덕분에 더욱
가까워지고 있습니다.

한 해 수고 많으셨습니다.
고맙습니다.

에이블

2023년 12월 20일

2023년,
어떤 열매를 맺었을까?

▶ ▶ ▶ ▶

'무한게임'으로 명명한 회사 내부의 R&D와 큰 틀의 변화를 추진하며 매출은 전년 대비 크지 않은 약 110억 원, 순이익은 약 15억 원으로 마무리했다. '지지 않는 게임'을 위해 정비되고 변화된 회사의 일하는 방식이 2024년 투영되어 어떤 큰 재무적 성과로 도출될지 기대가 크다.

한 해 동안 총 47건, 130억 원 규모의 투자를 집행하며 다시금 연 단위 기준 자체 역대 최다, 최고 금액을 갱신했다. 누적 투자 건수는 170건 이상이 되었고, 2024년 운용자산은 850억 원을 넘어서게 된다. 이중 테스트웍스(AI 모델링 사회적기업)는 후속 투자로 자체 최다 금액인 20억 원을 투자했는데 2025년 IPO(주식공개)를 위해 상장주관사를 선정했다. MYSC는 이제 총 운용자산(AUM)은 650억 이상, 투자한 기업의 기업가치 총 합산은 1조 8천억 원이 넘고 있다.

"파타고니아를 처음 알게 된 16년 전부터 오늘까지 파타고니아의 철학과 정신을 국내에 확산시키는 것은 저의 꿈이자 사명이었습니다. 김정태 대표님은 그 여정에서 만난, 파타고니아의 철학을 누구보다 깊이 공부하고 이해하는 든든한 동지이자, 험난하고 치열한 기업 경영의 현장에 이 철학을 실제로 적용해내고 있는 훌륭한 기업가입니다. 진심 담긴 편지들을 읽으며, 파타고니아의 정신을 느끼고 되새깁니다."

김광현, 파타고니아코리아 환경팀 부장

"현대판 '원효대사 해골물' 같은 내용에 감동받았습니다."

장동민, 개그맨

"한 기업의 대표로서 구성원들에게 매달 월급을 줄 수 있다는 것은 엄청난 책임을 동반한다. 그런데 이 쉽지 않으면서도 정례적이고 일상 속에 묻혀질 수도 있는 의무를, 13년 동안 한 달도 빠짐없이 매달 한 편의 짧은 글과 함께 수행했다는 것이 큰 임팩트를 남긴다. 진심이 담긴 소통이 그 어느 때보다 중요하게 느껴지는 지금, 이 기록이 책으로 나온 것은 정말 멋진 일이다! 많은 이들이 읽고 책임과 의무, 진심과 소통에 대해서 생각해볼 수 있기를!"

장동선, 뇌과학자 & 과학 커뮤니케이터

"MYSC가 그냥 성장한 회사가 아닌 대표님과 함께하신 분들의 고민과 가치가 매달 20일 대나무 매듭처럼 쌓이고, 단단하게 만들어진 것을 느꼈습니다. 세상에 나올 소중한 월급날 책을 축하드리고 늘 응원드립니다."

김대돈, KB증권 전략기획부 이사

"회사의 덩치를 키운 성공담은 만연하지만, 회사에 인격을 불어넣는 이야기는 흔치 않다. 이 특별한 월급명세서가 마음을 움직이는 건, 조직에도 인격이 있다는 사실을 다시 한번 알려주기 때문이다."

서현선, 스탠퍼드 소셜 이노베이션 리뷰 편집장

"우리가 '누군가의 진심을 알아볼 수 있는가'라고 한다면 '그렇다'라고 할수 있습니다. 그리고 그 진심이 한 사람의 가까운 반경이 아닌 넓게 다른 이들을 향해 있을 때 우리는 그의 진심의 본질을 겸허한 존중으로 바라보게 됩니다. 특히 문제에 둘러싸여 살 수밖에 없는 사람들 그리고 그중에서도 누군가의 도움이 필요하다고 생각되는 사람들의 문제를 해결하려는 의지에 대한 진심에 몰두하는 사람들을 만나는 건 감사하고 행복한 감정을 만들어냅니다. 이 책은 그런 진심을 발휘하고 계신 김정태 대표님께서 어디까지 세심한 노력을 기울이고 계신지 지켜보는 매우 놀랍고 흥미로운 감동을 경험하게 되실 것으로 확신합니다."

박신양, 작가 & 배우

당신은 어떤 월급을 받고 있나요?

사람이 성장하는 기업 MYSC의 급여명세서에 담긴 편지

초판 1쇄 인쇄 2024년 5월 29일
초판 1쇄 발행 2024년 6월 5일

지은이 김정태

편집 권정현 **디자인** 새섬
마케팅 임동건 **경영지원** 이지원
출판총괄 송준기 **펴낸곳** 파지트 **펴낸이** 최익성

출판등록 제2021-000049호
주소 경기도 화성시 동탄원천로 354-28 **전화** 070-7672-1001
이메일 pazit.book@gmail.com **인스타** @pazit.book

THE STORY FILLS YOU
책으로 펴내고 싶은 이야기가 있다면, 원고를 메일로 보내주세요.
파지트는 당신의 이야기를 기다리고 있습니다.